洞察用户

爆款产品来自对用户的深度研究

【英】斯蒂芬妮 · 马什（Stephanie Marsh）著

中国青年出版社
CHINA YOUTH PRESS
中青文传媒

图书在版编目（CIP）数据

洞察用户：爆款产品来自对用户的深度研究 /
（英）斯蒂芬妮·马什（Stephanie Marsh）著；刘夏青，刘白玉译.
—北京：中国青年出版社，2019.3
书名原文：User Research: A practical guide to designing better products and services
ISBN 978-7-5153-4770-7
Ⅰ.①洞… Ⅱ.①斯… ②刘… ③刘… Ⅲ.①产品管理 - 指南 Ⅳ.①F273.2-62
中国版本图书馆CIP数据核字（2019）第008274号

User Research: A practical guide to designing better products and services
Stephanie Marsh

洞察用户：爆款产品来自对用户的深度研究

作　　者：〔英〕斯蒂芬妮·马什
译　　者：刘夏青　刘白玉
责任编辑：胡莉萍　肖颖慧
美术编辑：杜雨萃　张燕楠
出　　版：中国青年出版社
发　　行：北京中青文文化传媒有限公司
电　　话：010-65511270/65516873
公司网址：www.cyb.com.cn
购书网址：zqwts.tmall.com　www.diyijie.com
印　　刷：大厂回族自治县益利印刷有限公司
版　　次：2019年3月第1版
印　　次：2019年3月第1次印刷
开　　本：787 × 1092　1/16
字　　数：118千字
印　　张：19
京权图字：01-2018-5325
书　　号：ISBN 978-7-5153-4770-7
定　　价：69.00元

目 录
CONTENTS

USER RESEARCH

前言和致谢

开展用户研究是没有固定的方法的，本书向大家介绍的各种研究方法的使用方式也没有固定的方法。这正是用户研究的吸引人之处，然而这也为用户研究增加了难度。我多年从事用户研究工作，无论是在用户研究方面，还是在指导新人开展用户研究方面，我都积累了许多经验。我想和大家分享这些经验，我希望这能对从业者，特别是刚刚踏入此领域的新人有所帮助。在此，我向那些一直给予我支持的人表示感谢，感谢他们向我提供了学习和积累经验的机会（既有愉快的经历，也有痛苦的经历）。我希望本书能让大家同样受益。

我非常幸运，到目前为止，我一直从事的是我倍感兴趣且能给我带来快乐的工作。我要感谢那些不惜花费时间和精力与我分享工作和想法，并参与讨论用户研究的人们，也要感谢那些致力于不断推进和改进用户研究领域知识的人。

我要感谢各位行业专家们，他们给予的建设性反馈使本书得到进一步完善，也要感谢科根出版社的支持和辛勤工作，让本书得以问世。

我还要感激我的朋友和家人，他们总是给予我无限的支持和鼓励。最后，我想感谢的是你们——我亲爱的读者朋友们，没有你们，也就没有这本书。

01 第一章

引言：为什么用户研究如此重要

• 用户研究是什么

当你阅读本书的时候，你可能已经对用户研究有了一定的了解。即使你对用户研究不太了解，我们开篇之际就某些问题达成共识还是非常有必要的。用户研究用来研究人们（用户）在特定环境下的行为、动机和需求，这会对人们在日常生活中如何理解和使用事物产生一定的影响。除此之外，用户研究的内容还包括探讨这些因素是如何随时间发生变化的。市场调研与用户研究不同：市场调研旨在摸清消费者的偏好和需求。由此来看，市场调研与用户研究有着不同的目标和结果。

• 本书的目标读者是谁

“用户研究者”这一工作头衔在数字和服务行业，甚至在决策领域的曝光率越来越高。从某种程度上讲，用户研究者在一些组织中植入了“用户体验”或“用户第一”的工作理念。用户研究可以用在人们与产品和服务发生交互的任何场景中。

你需要知道的第一件事情是，开展用户研究不一定是“用户研究者们”的专属工作。你需要知道的第二件事情是，你可以通过自学成为一名优秀的用户研究者。这一点我做到了。这本书将向大家介绍我是如何做到的。

你之所以选择阅读本书，可能会有很多原因，包括：

- 鉴于没有其他人开展以用户为中心的调查研究，你可能想要或者需要自己开展用户研究。
- 你可能是一名新入行的用户研究者，正苦于寻求有效的实践技巧。
- 你可能恰好有幸与一名用户研究者共事，因此想要了解更多关于用户研究的内容以及开展的方法，这将对改善你与团队协作的工作实践大有裨益。
- 你想成为一名聪明的消费者，可以不借助专业机构的帮助完成大宗购买。
- 你可能已经是用户研究者，想要更新或获得一个不同的研究视角。

从事如下职业的人将会从用户研究技能多样化过程中受益，例如：

- 网站管理人员和开发人员
- 视觉和交互设计师
- 体验和服务设计师
- 文案和内容设计师
- 信息架构师
- 社会媒体/数字通信专家
- 数字营销和活动专家

- 营销经理
- 市场研究人员
- 通讯官
- 业务分析师
- 数字/业务流程/IT专员
- 政策分析师
- 业务开发经理
- 教师
- 美术馆和博物馆馆长
- 政客

在此向所有读者表示欢迎。本书对那些无意成为用户研究专员的人士更为有用。这些人的日常工作非常繁忙，工作中需要开展用户研究，且他们有可能需要自己亲自来做。这本书将帮助他们识别自己的处境，并引导他们完成整个过程，以帮助他们避免常见的错误。简言之，就是告诉大家如何：

- 了解用户研究的基本原理；
- 选择并使用正确的研究方法；
- 分析数据；
- 在实践中使用结果。

· 为什么开展用户研究

许多企业和组织都致力于为用户创建理想的体验过程，然而许多企业和组织在用户研究开展过程中，并没有充分了解和认识用户。他们有可能不清楚：

- 他们的用户是谁；
- 他们的用户的需求是什么/他们打算做什么；
- 他们的用户目前正在尝试做什么；
- 他们的用户对完成这些事情的意愿如何。

缺乏对用户研究的投入，组织将会面临巨大的风险——斥巨资打造的产品和服务以失败告终。一些组织的领导者可能认为他们没必要让用户参与进来，或者他们没有足够的时间和资金用于定期邀请用户参与活动。这是一种理解误区。你不能想当然地对用户需求进行推测：你需要真正了解用户，了解他们的想法和行为。了解用户的情况、影响力和期望会帮助你：

- 设计更好的产品、服务和用户体验；
- 改善你现有的产品；
- 适应不断变化的行为和期望；
- 起步阶段就选择合适的方式以节省成本；
- 通过向用户提供他们需要和想要的东西，甚至超出他们的预期，以产生影响；
- 通过让用户完成他们想做的事情以及你想让他们做的事情来影响用户行为；
- 基于客观证据而不是主观观点来影响利益相关者的决策和解决方案；
- 审视关于组织发展方向的内部假设。

您可以通过用户研究来实现所有以上这些事情。你无需成为一个用户研究专家就能掌控大局。无论你是谁，只需遵循本书讲述的简单的规则进行高质量的用户研究，你就可以真正了解你的客户或受众。你无需拿到计算机科学、心理学或人类计算机交互等专业学位，就可以做到这一点。要知道，在我开始着手做用户研究时，我还只是一名环境地质学家。我只花费了4年的时间就弄清楚了高效的用户研究与无效的用户研究之间的区别。我是通过阅读教科书，并加以实践的方式，自学掌握了这些技能。至于我是不是在攻读博士期间完成了这些，就无关紧要了。如果我能够做到，你们也一样能够完成。

在获得博士学位后，我就告别了学术界，开始在现实世界中认真地实践这些方法，这其中发生的有些情况会令人抓狂。我曾经供职于一家所谓的“用户研究者传道者”的公司，也在对用户研究者一无所知的公司中工作过。有些时候，我不得不从头开始建立理解，做好宣传，与此同时还要递交数据结果。我从事用户研究工作已经有14年的时间了，但只有一次公司给了我与用户研究相关的职位头衔。我曾经担任过可用性分析师、用户体验经理/顾问/主管，还担任过数字战略的负责人。是什么让我能够胜任这些工作？这得益于我掌握的用户研究技巧。

用户研究就是以某种特定的方式来应用人们观察与对话等与生俱来的技能，有些方式可能是你之前从未意识到的。在现实中，我们对用户做实验，观察他们对某种想法的反应，然后改进此想法，周而复始，这就是用户研究。本书将告诉你如何将你所掌握的技能组合在一起，以更有条理的方式发挥它们的优势。

• 你可以从本书中获得什么

本书分为三个部分。第一部分概述了要想取得成功必须遵循的基本规则，此部分包含了如何确保你对合适的人进行访谈等内容。我将向大家解释如何收集这些信息，以及如何通过提出正确的问题和作出充分的观察来避免收集带有偏见和不准确的数据。

第一部分，即第二章和第三章，将帮助你更好地理解无论你采用哪种方法都可以实现的高质量用户研究的特征。此部分包括：

- **开展用户研究的最佳时机**：时机决定一切。
- **你需要考虑的道德因素**：把所有的事情都摆在明面上，这样一来，参加用户研究的人将会很好地理解将要发生的事情以及你将如何使用这些数据。
- **规划用户研究**：选择一个地点，确定参与的内部人员。
- **确定招募参加用户研究的人员**：我们将进一步讨论如何完成此步骤，以及为什么此步骤对于收集有效的数据至关重要。
- **了解如何观察参与者**：参与者所做的事情和所说的事情可能有所不同。我们将尝试区分行为和观点，并且探讨为什么这对你的研究以及所招募的人的数量是至关重要的。
- **明白如何提出正确的问题**：避免获得带有偏见的观察数据，这有助于你了解真相。

第一部分还包括用户研究的准备工作（详见第四章）：招聘机构，选择设施和签订合同。

第二部分将帮助您确定所处的环境类型，并提出相关使用方法的建议。

当然，没有一种方法是万能的，可以把所有的事情统统搞定。事实上，对于每种情况，也并不是总有一种首选的方法。如果这本书只是罗列出各种方法，那么就无法清楚地了解哪种是最好用的方法以及某种方法应该在什么场景下使用。作为一名初次尝试者，可以快速阅览下文中列出的各种方法。你可能有很多关于这些方法，以及各种各样选择和参数的疑问。我们将详细讨论每一种方法，对于每种方法我将向大家解释：

- 该方法是什么；
- 它适用于哪些场景；
- 它不适用于哪些场景；
- 需要付出的努力；
- 使用此方法的具体方式；
- 采用的工具；
- 延伸阅读（如果你想对此有更多了解）。

可用性测试——通过观察获得信息（第五章）

可用性测试（也称为用户测试）通常与网站相关，但不仅限于网站研究。研究人员通过观察用户基于产品或服务完成任务的过程，以确定问题所在。用户测试分为定性测试和定量测试（稍后我们将详细讨论）。它可以在不同的场景下完成：

- **面对面，可干预性场景**：研究人员和用户同时在同一个房间内，可以相互交流。
- **远程，可干预性场景**：研究人员和用户身处不同的地方，但他们能够相互交流，例如，可使用屏幕共享技术来实现。

- **面对面，非干预性场景**：研究人员和用户同时在同一个房间内，但是在用户完成任务期间，研究人员不会进行干预性或与之交谈。
- **远程，非干预性场景**：当用户在他或她选择的时间和地点执行研究任务过程中，研究人员不参与其中。

内容测试——用户如何理解用户研究内容（第六章）

内容测试是一种特殊的可用性测试，它关注的是内容对目标受众的适用性和可理解性。它可以作为可用性测试的一部分，也可以单独完成。

卡片分类法——了解用户如何对事物进行分类和关联（第七章）

卡片分类法是一种用来了解人们如何思考和关联事物的方法，即人们如何对彼此关联的事物进行分组。在设计或整顿网站架构时，这种方法是十分有用的。例如：可以把密切相关的信息组合在一起，然后给它们附以标签。此种方法与可用性测试适用场景与使用方式类似。

调查法——如何评估一个涉及面较广的用户反馈信息（第八章）

调查是在市场研究和用户研究中均常使用的一种方法。此种方法有一定的局限性，但优点是运行成本不高，而且涉及的人数较多。《掌握用户体验》（*UX Mastery*）将调查法描述为将一系列问题集中在一起的方法，这些问题用于评估用户研究参与者的偏好、态度、特征和对特定主题的看法（格雷，2014）。

用户访谈——通过与用户交谈了解他们的体验（第九章）

用户访谈是一种常用的方法。我们对各种形式的面试均不陌生，因为面试是找工作的一个必备环节。从用户研究的角度来看，访谈有助于了解人们的态度（以及他们的态度是如何随着时间的推移而改变的）、共同行为，以及人们如何思考和关联某些事情。面试既可以采用面对面的方式开展，也可以采用远程的方式进行（例如，可以通过电话进行面试）。

日记研究——如何获得历时较长的用户研究数据（第十章）

随着时间的推移，日记研究对理解体验、行为和态度是非常有用的。研究人员将向用户研究参与者提供一种模板，要求用户研究参与者在既定的时间内就某些特定的事情，记录下他们的观察结果，用户研究参与者需要独立完成日记。

信息架构验证——你的信息架构对用户是否有效（第十一章）

信息架构是信息的结构体。我们日常使用的最常见的例子是对网站（和内部网）的内容和功能进行组织和标记。验证任务可以让你了解当前架构或拟定架构是否适用于更大的（和相关的）用户组，是否能使用在线工具辅助完成任务。

人类学——观察人们在现实世界中的行为（第十二章）

人类学用来研究人与文化。它也被用于用户研究中，用于研究各个群组及人们日常生活中的情况。其他许多方法都是在一个人为创造的环境中开展用户研究的。这些方法是有效的，但有时你还需要在现实世界中对人们的行为进行观察。移动人类学利用通信和记录技术来获取人类学相关数据。

情景调查——在人们熟悉的环境中进行访谈（第十三章）

情景调查可以被看作是将用户访谈和人类学相结合的一种研究方法。让人们在自己熟悉的环境中接受采访，我们可以较好地观察人们的行为和感受。

A/B测试——比较不同方案的用户研究技巧（第十四章）

A/B测试（也称为分拆测试）比较两个版本的网页页面（A和B），向同一批用户研究参与者同时展示这两种页面，以确定哪一个版本效果更好（VWO，2017）。此种方法的结果不是基于受试者的意见，而是用数据和转化率来说话。

充分利用利益相关者研讨会（第十五章）

利益相关者研讨会可以将那些对项目感兴趣的人聚集在一起，这些人中不乏具备丰富的专业知识以及对你所从事的领域颇有见解的人。研讨会可能对以下几个方面大有裨益：

- 原本各执己见及持有不同目标的各方达成共识，并对某些事物的看法达成一致意见。
- 征集需求：需要包括哪些产品或者服务。
- 构建出初步的设计思路。

游击研究——在现实世界中开展快节奏的研究（第十六章）

游击研究是一种成本较低的可用性测试或访谈方法。之所以称之为“游击”，是因为它是一种在“自然环境”下开展的研究方式——它可以在任何地方开展，咖啡馆、图书馆、火车站等均可。无论如何，此种方式是在有充足客流量的地方开展。

如何将各种用户研究方法结合起来（第十七章）

我们在本书中还将研究如何在项目生命周期中将这些研究方法结合起来使用的一些案例，因为不同的方法所适用的特定环境和发展阶段也是有较大区别的。

第三部分将向大家解释一旦你决定开展用户研究，应该如何去做。我们将探讨如何分析你所收集的数据以及如何共享这些结果。这部分回顾了各种分析方法的概述，各种分析方法使用的时机和场景，以及如何有效地沟通和共享你的分析结果。此部分将向大家解释如何：

- **制定目录及进行优先次序排序**：一旦你收集了证据，就能够了解哪些问题是严重的，哪些问题是无关紧要的。
- **分析定性数据**：了解大量的定性数据并进行编码。
- **确定主题**：你发现的问题或者事情是相互关联的吗?
- **编写用户需求和故事**：这是一种较为简单的方式，可以用来总结用户是谁，他们想做什么，他们想要达到什么样的目标。
- **创建角色和心智模型**：这是一种描述你的用户组是谁以及他们如何看待特定主题的研究方式。
- **通过视频回放分享见解**：创建特定主题的视频精华片段是另一种分享研究成果的有效方式。

- **编写执行概要和详细报告：**不同的利益相关者理解你的研究时所需要花费的时间会有所不同。我们在向不同的利益相关者提供材料时，应考虑到材料的详细程度。
- **通过体验图将客户体验可视化：**从用户的角度，绘制体验图，并将用户体验以及用户接触点可视化。
- **改进设计：**如何改变信息架构、交互设计和视觉设计。

所有这些都要做到有据可依。这样一来，用户研究者将能够辨识出他们可以在哪些方面作出改进，并能够从这些变化中获利。用户研究是可以持续并迭代开展的：在设计和开发周期的不同阶段采用不同的研究方法。

1

| 第一部分 |

基本原理：成功的用户研究

THE FUNDAMENTALS :

WHAT GOOD RESEARCH LOOKS LIKE

第一部分解释了如何通过提出正确的问题和进行观察，避免收集带有偏见以及不准确的数据（因为你不能完全听信人们所说的话）。

在我们开展诸如选择正确的研究方法，决定如何使用这些方法以及如何分析数据等深入研究之前，我们需要认真思考。第一部分中介绍的这些基本原理对所有的方法均适用。

02
第二章

用户研究的整体规划、目标设定及合法性

• 开展用户研究的最佳时机

对于此问题最实用（且简单）的答案是：任何时候。理想的答案是：持续不断地开展。当然你可以找准开展用户研究的最佳时机，以产生最大的影响力和最强的积极效果。

如果你是在一个真正敏捷且以用户为中心的环境中工作，那么你就能够定期地、周期性地规划并开展用户研究。在用户研究中发现的问题可以在下一轮的工作中得到纠正，然后再开展新一轮的研究和测试。但问题是，你不一定在这种环境下工作，所以你可能永远无法做到这一点。

什么是“敏捷”？

敏捷是一种项目管理方法，通常用于时长较短的软件开发以及进度评估阶段。

如果你正在开发一个全新的概念、产品或服务，你应该尽早开展用户研究。读到本书的后半部分时，你就会明白，你无需等待有成形的东西出来后再向用户进行展示。例如，你可以通过在一张纸上勾画出草图，来向他们描述你想要做的事情。

经过了一段时间的初步思考之后，在这个概念全面实施之际，你应该开展一些用户研究，以了解你是否正朝着正确的方向前进。通过了解人们的行为和思考方式，你将能够了解你的概念是否可以以某种方式提升他们的生活质量，或者解决他们正在经历的某种问题。然后你就可以作出决策，是否有必要在这个新概念上投入时间、精力和资金，原方案是否需要重新整顿（它有时可能会需要进一步调整），或者是否应该彻底放弃。

如果你的产品或服务已经存在，那就更没有什么理由不开展用户研究了，因为用户研究旨在改良产品或服务。如果你的数据、分析或者反馈证实了产品或服务中的某些方面是无效的，但是你又无法确定问题出在哪里，那么就可以通过开展用户研究来探究到底发生了什么。

如果各利益相关者组成的董事会就发展方向这一问题存在分歧，那就开展一些用户研究吧。挖掘用户的真正需求，并为利益相关者提供决策依据。最佳的解决方案往往是在业务与用户需求之间找到一个平衡点。

我们在本书的这一部分将要讨论的问题是我们用于规划、开展用户研究，以及分析用户研究所得的数据所需要的时长。这将取决于你正在开展的用户研究的类型。例如，如果你是在新版本发布之前进行用户研究，那么你应该作出规划，在新版本发布之前留下充足的时间，处理好可能发生的任何问题。如果用户研究与新版本发布时间距离过短，你很有可能会被告知已经来不及作出任何改变。这就意味着他们不得不等待下一次迭代，而这些潜在的有效的解决方案和想法可能将永远无法得以实现。

这里存在一个风险。如果你在时间紧急的情况下开展用户研究，那么你往往会选择一种最快捷、最简单的方法，这样可以在令人抓狂的截止日期前得到结果。然而，这很有可能并不是最合适的方法。本书会让你了解，如果你的方法足够好，你就能得到你想要的东西。在大多数情况下，某种情况会有多种适用的研究方法，它们都能满足你的需求，但是最根本的是你要对合适的对象展开访谈。其他的任何东西将永远无法替代正确的人选。

小 结

如果可以的话，选择合适的时机，在这个时间点开展用户研究，研究结果将会产生最积极的影响。

• 明确用户研究的内容

你面临的问题是什么

要进行有效的用户研究，你需要清楚地了解此项研究的目的。聚焦重点问题的用户研究是最有效的。问题框架，也被称为机会框架，有助于明确你想要解决或想要了解的问题，或者，从积极的角度来看，解读你所面临的机会是什么，以及影响成败的参数是什么。

与利益相关者（这包括参与项目的所有人，不管他们是以何种方式加入到项目中的）表达和分享你的用户研究的目的和目标是非常有用的。在开展用户研究之前，每个人都应该就用户研究的目的和目标达成共识。如果你尚不清楚问题到底出在哪里，那也没有关系：研究的目的就是了解问题所在。提前就目的和目标达成共识能够有助于避免发生特征蠕变①。最好还是把研究的重点聚焦在一个较小的范围内，除非你的用户研究的目标就是了解问题或者所处背景。当然，利益相关者想要扩大范围——你可能会听到诸如此类的话，“你在开展用户研究时，能顺便看一下x、y和z吗？”如果这些与商定的研究目的和目标无关，那就拒绝。我知道有时候拒绝无济于事，但是至少要勇敢地提出你的反对意见，并且说明反对的原因。

第二部分将更加深入地探讨此问题，然后选择正确的方法来解决此问题。

• 谨慎处理道德及法律事宜

此步骤不可省略

你需要将你正在做的事情以及你做这些事情的方式公之于众，保持透明。你需要与用户研究参与者分享这些信息。在开展任何用户研究活动之前，你都需要告知他们一些细节内容（无论你采取的研究方

---

① 特征蠕变（Feature creep）是在产品或项目开发期间，需求驱动发生变化，带来一些开始没有计划的产品特点，对产品质量或时间表产生影响。——译者注

式是在线调查，还是面对面访谈）。尤其是你打算收集、使用或者存储数据，这是基本的法律要求。

你需要告诉参与者的内容

- 任何记录数据的方式（视频、音频、截屏、调查数据截取等）。
- 你使用这些数据的目的（只用于此项用户研究？你将与谁分享这些数据：是你所在组织内的人还是组织外的人？）。
- 你如何处理这些数据？这种处理方式安全吗？
- 这些数据你想储存多久？到项目结束？一年？还是永久储存？

此外，如果你邀请他人观察你的研究，你需要告诉参与者（可能这种观察采取的是非直接的方式，例如，所邀请的人是在另一个房间观察）。

对于那些需要与用户交流的研究，你应该向参与者们进行口头解释。最好将交流的内容记下来，尤其是在开展远程用户研究的情况下更是如此。在进行用户研究之前，你最好给参与者们发送一份研究同意书，并征得他们的同意。

确保研究参与者清楚地理解了你告知他们的调查内容，明确他们已经同意的事项，并确保他们愿意继续参与调研。如果此项研究是一种在线调研，在你提出任何问题和征求他们意见之前，你应该事先给他们一定的解释。具体步骤可以参见以下文本框中的示例。

示例：如何征得用户同意

首先感谢您能够同意参与此项研究。今天我们将开展（X）。我想请您做（X）并回答有关问题。这不是一项测试，所以请您放轻松，答案无关对错。如果您想停下来休息一下，或者您不想与我们分享某些事情，随时可以告诉我。此项研究不会超过（X）分钟。

我将用（X）录制此研究过程，以便事后记录。但是您提供的任何信息我们都会保密，所以请畅所欲言。也许您知道，可能会有来自（X）的人在另一个房间观察我们，但是您看不到他们，也听不到他们说话。

我再次提醒您，您在此项研究中所有信息都是保密的，既然您已经认可同意书上的各项条款，所以在此项研究结束后不要向任何人透露有关此项目的任何内容。此保密协议对双方都有约束力，我们也保证不会向任何人透露您的个人信息。

本研究所收集的数据都会被储存在一个安全的地方（如服务器/计算机/文件柜等）。这些数据只会与项目团队成员分享，仅用于（X）。数据的储存期为（X）时间，之后将会被销毁。

这是一份同意书，请您阅读，同意后我们将开展下一步活动。我非常感谢您能自愿参与此项研究。您可以随时终止此项活动。如果您有任何问题，请告知我。

如何获得用户的知情认可

作为研究计划的一个环节，你需要撰写一份关于数据收集、数据储存和数据处理的声明。如果在你的研究过程中需要与用户进行沟通，那么在研究之初就应该向用户分享此声明内容。如果在研究过程中不跟用户互动，那么在研究之前或者是在研究之初，跟用户分享书面声明。确保声明采用简洁的语言，以便用户理解。在用户研究之初这样做，就意味着你能够获得用户对数据处理方式的认可。这样也能确保用户研究参与者全程参与到研究项目中。在与用户互动过程中，你还需要告知用户如下事情：

- 你的姓名、职务及工作单位。
- 你开展此项研究的目的（只告知基本信息即可）。
- 你要让他们做什么事情（再次强调，只告知基本信息即可）。
- 这项研究是否被观察（被谁观察）

重要提示

如果有用户研究参与者在最初就表示不同意，那么就不要强迫其参与。

在信息使用及储存期间，应保存好同意书。

如果有用户研究参与者撤销同意书，你需要立刻终止其参与活动，并销毁或删除其提供的所有数据。在进行研究分析时，也不能使用此数据。

下面的文本框中向大家展示了一份在线同意书，节选自美国著名的在线调查网络公司Survey Monkey（2017）的同意书。

示例：在线同意书

此研究项目的目的是（　）。此研究项目由（　）在（　）开展。邀请您参加此项研究项目，是因为您是（　）。

您参与此项研究是基于自愿的原则。您有权利选择不参与。如果您决定参与，您也可以随时撤出。

此项在线调查大约花费（　）分钟完成。我们将会对您的信息保密。我们会/不会收集您的个人信息，例如：姓名、电子邮件或IP地址。此调查项目的问题是关于（　）的。所有数据都会保存在设有密码保护的电子文档中。

如果您有任何问题，请与（　）联系。

电子同意书：请作出选择：

点击“同意”按钮，表明：

- 您已经阅读并理解以上信息
- 您自愿同意参与

如果您不想参与此项调查，请点击“不同意”按钮。

• 规划用户研究

开展用户研究需要考虑如下几个要素：时长、数据分析等。在第二部分将会讨论开展此项研究花费的时长，在此部分我们还会对每种研究方法展开详细讨论。第三部分我们将会探讨分析数据、理解数据、得出结论，以及提出建议，并将其转化成一种合适的可分享的文档所需的时长。

如果你的研究需要与用户进行互动，不管是面对面互动还是远程互动，用户研究尽可能连续开展（当然要考虑到两场活动之间的休息时间）。日程安排样例详见下表。你应该告知参与者参与活动的具体时间。这样一来，你、参与者，以及你的团队成员都能清楚地知道在具体的时间应该做什么。

样例：日程安排

你的研究项目开展的方式是进行电话访谈。这就意味着你会待在同一个地方进行访谈（也就是说，你不用四处奔波）。

假设你将会开展8场访谈。以下是根据不同的访谈时长而开展的三种不同的时间安排样例。

30分钟访谈

这样的访谈可以在一天内完成。日程安排如下：

参与者1：10:00–10:30

参与者2：10:45–11:15

参与者3：11:30–12:00

参与者4：12:15–12:45

午餐：12:45–13:15

参与者5：13:15–13:45

参与者6：14:00–14:30

参与者7：14:45–15:15

参与者8：15:30–16:00

备用环节（假如有人在以上时间段退出采访）

参与者9：16:15–16:45

重要提示

至少预留出一位备用参与者访谈时间，以防有人在你的研究过程中中途退出。这也能在一定程度上避免你在最后时刻还在为寻找参与者而产生压力。在两个环节之间预留出至少15分钟的间隔时间。这将有助于你：

- *遇到技术问题时，能够及时解决；*
- *以防有参与者迟到，或者上一个访谈因为讨论内容过多而超时；*
- *也给自己留出一定的空间。不管你每天安排多少个访谈环节，这终究是一件让人身心俱疲的事情，所以在每个环节结束后留出一定的时间是非常不错的选择。因此，通常情况下要安排一个午休时间（这是我的经验之谈）。*

如果有条件，尽量不要在一大早就开始你的研究工作，这正是我建议大家在10点开始研究的原因，留出一定的时间在正式研究工作开展之前，把一切准备就绪。

45分钟访谈

45分钟的访谈一般会安排在一天半的时间内完成。

第一天

参与者1：10:00–10:45

参与者2：11:00–11:45

参与者3：12:00–12:45

午餐：12:45–13:15

参与者4：13:15–14:00

参与者5：14:15–15:00

参与者6：15:15–16:00

第二天

参与者7：10:00–10:45

参与者8：11:00–11:45

备用环节：

参与者9：12:00–12:45

你最好每天都安排一个备用参与者，以防万一。

60分钟访谈

这可谓是一项劳动密集型的任务，通常在处理情况复杂的主题时使用：

第一天

参与者1：10:00–11:00

参与者2：11:15–12:15

参与者3：12:30–13:30

午餐：13:30–14:00

参与者4：14:00–15:00

参与者5：15:15–16:15

第二天

参与者6：10:00–11:00

参与者7：11:15–12:15

参与者8：12:30–13:30

备用环节：

参与者9：14:00–15:00

再次重申，你最好每天都安排一个备用参与者，以防万一。

以上仅列举了如何规划日程的一些样例，供大家参考，但是这并不能适用于任何情况。例如，如果你的用户研究对象是教师，那么你可能需要把面试环节安排在晚上。如果相邻两个访谈环节不在同一地点进行，那么你的日程规划与上面样例中所示的将会有很大差异，你需要将中间行程时间计算在内。如果条件允许的话，将位置相近的面谈安排在一起。如果是这种情况，你有可能一天下来，只能完成2到4个访谈环节。例如，你需要在工作期间拜访参与者，那么如果条件允许的话，请在其工作地点进行面谈。对于你想和谁面谈以及什么时间面谈等事项都应该灵活安排，因为他们会把日常工作放在首位，这样你的用户研究进程势必会受到干扰。

开展用户研究的地点

开展用户研究的地点会影响到你计划及开展研究的时间，当然也会影响到成本。根据你所开展的用户研究类型的不同，表2.1总结了你可能会选择的不同研究地点，以及它们的优劣势。

（选择用户研究的实验室时，请参阅2016年6月的《政府数字服务》。

英国政府部门在选择研究实验室时，有一个严格的程序，因为它是用纳税人的钱来支付研究的。那里面有最好的实践建议，大家都可以做到有章可循，找到你所需要的东西，而不用听信于人。）

表2.1　选择研究地点进行面对面研究的成本效益分析

地点	优势	劣势
你的办公地点（或者是用户的办公地点）	你可以预订一天房间；这将非常方便！希望预订过程简单一些，但如果房间比较紧张，预订起来就不是那么容易了。 你不必为设施付费。 这便于从你的团队成员那里获得支持。 更容易与你的IT技术人员取得联系等。	参与研究的人可能会感到紧张。有些人可能不喜欢在其工作场所对所从事的东西评头论足。但也会有一些人不会在意这些，他们会真实地和你分享他们的想法。 你的办公室在哪里？你的参与者到你的办公地点去会很容易吗？ 在使用普通会议室时，你的同事们可能无法及时观测到研究结果。 你可能需要考虑办公楼是否让人们随意进出的可行性。
用户调查实验室	这些实验室的设计是为了让你正在进行的研究顺利开展。 实验室能够记录你们的会话并向你提供数据。 实验室可能会抽调一个人来接待参与者。 实验室将提供IT支持。 他们通常设有观察室，这意味着同事和利益相关者可以参与到观察过程中。	成本是选择是否将研究地点设在实验室的主要考虑因素。 这样一来，成本会高一些，所以你需要仔细计划什么时候使用这些设施。 各种设施的可用性也是一个考虑因素，这取决于你想在哪里开展研究。

（续表）

地点	优势	劣势
会议室及酒店房间	有多种选择，各种价位都有。 他们可能愿意帮助接待参与者。 你甚至可以得到一些IT支持（如Wi-Fi支持）。 这是一个非常中立的场所（因为研究发生在你的办公场所之外）。 如果你的用户不在你附近，你可以选择去他们所在的地方。	这里就和你的办公室一样，这里可能没有你需要的所有设备或IT支持。 你的团队和其他利益相关者可能无法进行观察。 虽然这是一个中立的环境，但它可能不是一个让参与者感到舒适的环境。这取决于你所选择的地点。
公共空间、图书馆和咖啡店	这是免费的，但是要确保你能征得业主或者经理的许可。 这是一个中性（放松）的环境。 如果你所做的用户研究类型是“游击研究”，或是任何人都可以参加的研究，而这些地方客流量较大，这将是一个不错的选择。	在这里没有隐私。这需要根据你要提出的问题来仔细考虑。 例如，背景噪声可能会成为选择在咖啡馆开展研究需要考虑的问题。 你可能会打扰别人。 可能存在设备和技术支持问题。
在家里或工作地点面谈	有些研究需要你去你的用户所在的地方。这可能是你唯一的选择。 您可以深入了解用户环境，收集到真实数据。 没有场地费用。	你需要考虑到旅行费用（也许还涉及入住酒店费用）。 以此种方式收集数据可能需要花费更长的时间。

附加注意：秉承“敏捷”和“以用户中心”的大型组织现在已经开始在他们的办公场所内部设立他们自己的用户研究实验室了。这样一来，要投入的前期成本会非常大。但是，当你需要时不时地开展用户研究时，这种投资就变得更有成本效益了。对我们来说这可能有点超前了，但是想象一下还是好的！

远程研究

远程研究仅仅意味着研究者和参与者分处在不同的地方。表2.2总结了远程研究的优点及缺点。

表2.2　远程研究的成本效益分析

优势	劣势
你可以对世界各国，分布在全世界各地的各国人进行访谈。	把那些上网不方便的用户排除在研究外。
开展此种类型的研究成本比较低。	把那些数字化水平低或者缺乏IT素养的用户排除在研究之外。
较之面对面的研究，计划和开展远程研究更为快捷。	你无法像在现实世界（面对面）中那样通过直接观察获得一些细节信息。

远程研究主要有两种模式：干预性的和非干预性的。干预性的远程研究包括电话访谈、视频和屏幕分享，这意味着研究者和参与者在以某种方式进行互动。非干预性的研究包括在线调查和信息架构验证；参与者依据自己的时间完成了这项研究，研究者不进行干预。这意味着很多人可以同时开展研究，因为无需安排一个特定的地点来开展研究，这样一来就可以节省很多时间和成本，但是你仍然需要招募合适的人来参与其中。

先导测试的重要性

如果时间允许，且在最初时你还不能确定用户研究应该持续多长时间，你可以开展一定的先导测试。在你真正做研究之前，先试验一下你的研究方法，这被认为是最佳实践方法。

我所说的先导测试就是要创建一个纲要，列出草案标明你想要开展的研究会话：你想与参与者分享的内容，你想让他们完成的任务，你想要向他们提出的问题等等。可以事先开展一个先导测试（理想情况下招募与参与者相近的人做实验，如果没有这样的人选，可以让同事扮演参与者角色）。

开展一个先导测试意味着你可以识别出在你的草稿中哪些是可以做的，哪些是不能做的：你可以对那些会引起混乱或者过于超前的问题和任务进行编辑等，并且对草稿进行细化，直到修改到满意为止。

邀请人们观察研究过程

假如你正在开展面对面或远程的干预性的研究，如果时间合适，就可以邀请人们观察研究过程。最好的实践示例（一个理想的场景）是邀请利益相关者观察一些可用性测试，让他们观察参与者与你的产品或服务的互动情况。

场景

场景：你想改进你的网站。你所在的用户研究实验室里设有一个观察室。许多利益相关者正在（在屏幕上）观看参与者努力完成任务的过程。参与者因感到沮丧和恼怒，结果最终放弃了尝试。这是一种非常有效的研究方式，能够让利益相关者了解用户在现实生活中如何使用产品或服务。

邀请观察者参与研究

如果能够邀请你的组织或项目团队成员来对用户研究进行观察，这确实是一件幸事。让他们积极地参与记录所发生的事情也是一个非常好的主意。如果你能邀请他们加入，这将意味着你能够获得多个视角。如果在你的研究中有多位观察者，那么就需要在他们开始观察之前，与他们分享一些基本规则，并形成文字材料。在理想情况下，无论观察在哪里开展，观察者都能够参照这些基本规则。例如：

- 当参与者说了或者做了一些有趣的或者相关的事情时，将其列为一个独立的观察记录点。
- 需要标记出是对于哪位参与者的观察（借用参与者ID），这样一来，你就可以非常清楚地知道哪位参与者分享了哪些内容。如果可能的话，最好记录下你观察的时间。
- 不要对你所看到或听到的进行解读，只记录下看到或听到的内容即可。
- 尝试用一种可共享的格式来记录你的观察结果。例如，可以将内容写在便利贴上（例如，在每张便利贴上记录一次观察结果）。

如果他们观察到5位不同的参与者在同一天内都遇到了相同的问题，这就足以证明有些东西是亟待修正的。此种方式不是让你告诉那些忙碌的人们某件事情行不通，而是展示给他们看，这件事是行不通的。我们将在第三章中进一步讨论录像对那些不能出席用户研究的人是何等重要。

英国的政府数字服务（网址：https://gds.blog.gov.uk）上有一个观

察用户研究的准则：每个团队成员应该每6个星期进行为期两个小时的用户研究观察。这种要求对你来说可能不太现实，但它至少说明了让利益相关者参与观察的重要性。

招募参与者

在招募参与者方面需要解决的主要问题是：招募的这些参与者奉献出他们的宝贵时间有多大难度呢？例如，如果你正在构建一个法律研究数据库，你打算与律师、出庭律师、律师助理、法律专业学生、法官交谈——这是专家受众的最优选择。他们是一个相对较小的群体（例如，与在线聆听音乐的听众相比），且他们的时间很有限。对于这些人来说，你需要在研究开始前尽早联系他们，并多次提醒他们确保他们能够为用户研究预留出时间。当你要求他们去不同的地点时，情况更是如此。

如果你的研究对象是那些在网上购物的人，这样情况就会容易很多。虽然这需要花费的时间较少，但毕竟还是要花费时间去完成的。在你决定好将谁纳入到研究组的那一刻起，至少要提前两周联系这些参与者。如果对象是专家团队的话，还需要再提前一些。招募参与者的方式有很多，详情请参见第三章的内容。

分析计划与共享结果

收集数据并不意味着用户研究工作就结束了：你需要预留出一定的时间和资源来分析数据并共享结果。分析收集到的信息所需要的时间取决于信息量的大小（第三部分将会对此问题进行进一步的探讨）。

如果你能让其他人参与到分析过程中，那将会非常有帮助。就像让大家加入到观察过程中一样，多视角将会提高理解力，邀请多个经验丰富的人加入到分析过程中，会大大减轻你的工作量。大多数情况下，即使有的人没有参与观察研究，只要他们对研究的目的、目标和背景有充分的了解，你都可以将他们纳入到团队中。

如果参加分析的人员也参加了观察过程，那么你就可以在观察结束后尽快开展小组分析和汇报（详见第三部分）。你还需要与相关人员敲定分享结果的时间。如果你有一个清晰的规划和时间表，那么你应该可以事先做好计划，把合适的人召集起来，尤其是在一些利益相关者空闲时间有限的情况下，这尤为重要。

基于敏捷与精益为用户研究做规划

我首先要声明的是使用敏捷和精益的用户体验（UX）方式并不是要将用户和用户研究排除在外。我见过很多报告，声称他们采用的是“无用户”的精益用户研究的方法。在我看来，没有用户的体验就不能成为真正意义上的用户体验。

如果你是在一个敏捷环境中工作，但愿你同时也是在一个跨学科团队中工作，理想情况是这个跨学科团队的团队带头人是一位忠实的用户研究者，那简直就太棒了！如果真实情况不能如愿，要承担起用户研究的责任是一项极具挑战性的任务，但这是值得的，我向你致敬！

精益方法从原理上来讲与敏捷方法相似。精益方法在整个业务中应用更为广泛，敏捷方法更适用于软件开发（斯托克维尔，2016）。针对精益用户体验和敏捷用户研究有许多有用的资源。

在你深入研究这个领域之前，我想强调几点内容。第一部分是进入用户研究的计划阶段，这是需要花费时间和资源的。这将取决于你的组织所采取的敏捷方式。但是，理想的情况是，你每次花费在开发、设计或工作推进等方面的时间不要超过两到三周，在这之前就需要把计划呈现在用户面前。第二部分将向大家讲述几种不适用于精益和敏捷环境的研究方法。

用户研究规划还包括数据分析和共享见解。在敏捷环境中（或者时间较为紧张时），分组分析是非常有用的，不仅因为大家可以共享工作量，而且它还可以帮助团队中的其他人将所获得的信息融入到下一阶段的工作中（关于分组分析的详细探讨可以参见第三部分）。并不是所有人都能参与到研究和分析阶段中。你可以通过回顾和“展示”的方式，和他们分享见解、传达信息；敏捷推崇的是协作，而不是独立行事。在敏捷工作环境中，涉及书面文字的东西少，花在做表面功夫的事情上的时间少。第三部分将重点介绍哪些方法适用于在敏捷方式下共享信息。

你在每个阶段所采用的研究类型将取决于研究的重点。整个团队就目的、目标以及工作范畴达成一致，有助于开展有效且操作性强的研究。你可能需要聚焦研究重点，减少用户参与者数量，以适用于敏捷的工作方式，但是同时确保研究是非常有效的。

03
第三章

用户研究最佳实践范式：参与人、内容、原因以及方式

• 哪些人应该参与到用户研究中

有很多不同的方式来描述那些使用你产品、服务和内容的人：用户、受众、客户或消费者。让合适的人参与进来是做好用户研究的基本条件之一：如果你不了解“他们”是谁，你就无法为“他们”提供合适的东西。

不管你的组织从事什么工作，总会有一群人对你所做的或提供的东西感兴趣。很少有组织把“所有人”作为他们的用户。即使你供职于国家政府机构或者像亚马逊或脸书那样的大型国际企业，也不会出现每个人都会对你的一切感兴趣的情况。这样说起来可能有些抽象，让我给你们举例来说明一下。从技术层面上来讲，一个国家政府确实可以让其国人以及部分国外的人作为它的忠实受众。但是将所有的这些人作为一个大的用户群体来看待是不大可行的。例如，当你试图了解他们时，从何处下手呢？你需要做的是把一个大的群体分解成

小的、能够管理的团体。如果你试图让你的用户研究涵盖所有的人及所有的事情，一般来说成功的概率微乎其微。最根本的问题是：你需要了解谁?

你可以将当前和潜在用户作为研究对象。可以把具有相似行为和需求的用户安排在一组内，并且可以把他们称为“用户组（或用户群体）”。根据您所从事的内容，您可能有几种不同类型的用户组（或用户群体）。

快 讯

不同的用户群体的表现会大相径庭，所以你所选择的研究参与者人选会对你的研究结果产生非常大的影响。

场景

如果你正在为一所大学的学术型数学专家设计软件，你就不能选用英语文学本科生作为研究对象来改进软件。当然，这是一个极端的例子，但是这却能明确表明我的观点。英语文学专业的本科生的世界观与数学专业的博士生相比，会有很大的不同。将他们相互替换是不合适的。你应该让所设计软件的使用者参与到研究中。大家可能觉得这是简单易行的，但是为什么仍有许多用户研究人员在招募参与者时出现了问题呢?原因有很多：

- 他们不知道用户是谁。
- 这些用户很难预约（律师、医生、大公司的首席执行官、重症监护患者和他们的家人等）。

- 让合适的参与者加入到用户研究中成本很高。

重要提示

为了能得到可用的以及有用的研究结果，我们在选择参与者时遵循的原则是宁缺毋滥。

当然，这条原则并不适用于所有情况，例如你选择的是游击研究的方式时，就不必遵从此原则。我们在第十六章会详细讲解此部分内容。以开展研究为目的，我们首先考虑的是将用户/利益相关者/消费者作为我们的参与者。

• 如何招募合适的参与者

有些机构专门为用户研究和市场调研提供招募服务。他们有数据库，里面存有许多人的注册信息。这些人与机构分享了一些他们的身份以及他们的喜好等信息，这就可以让招募机构帮你招募合适的人来做研究。从这些机构招募人员，可能会增加你的成本负担，但总体来说是一个非常不错的方法，当然这要根据你的预算、时间、资源以及对参与者的预期而定。

如果你选用此种方式，你可以进入数据库，从订阅你的组织通讯信息的用户群或者消费者数据库中招募你的研究对象。无论你是自己招募参与者，还是通过招募机构招募，你都需要两样东西：一份招募简介，它将写明你对招募的参与用户研究的人员的要求（包括参与者人数）；一份招募筛选表，这是一份调查问卷，用以确定他们是否适合参与这项研究。如果想将这两样东西解释清楚，得需要再撰写一本书才行。不过，我会向你讲述如何成功地招募参与者，或者与招募机构合作时成为一个聪明的顾客。（这里会有你所需的数字计算方式，详见 Research Monkey，2017）

撰写一份招募简介

一份招募简介，需要包括如下内容：

- 研究日期；
- 研究地点；
- 研究时长；
- 所需的参加者人数；
- 开展研究的时间段；
- 激励措施（你将支付给每个参与者参与研究的报酬）；
- 一份你希望参与者拥有的人口特征及其他特征的清单。

重要的是，你不能仅仅凭借一张人口统计数据表来定夺参与者人选。虽然这些统计表是有用的，但是这只是供你参考的一个维度。表3.1中列举了一个众所周知的例子，这个例子已经被采用多年了。正如你在表中看到的，根据表中的人口统计数据，普林斯·查尔斯和奥兹·奥斯本看起来是同一个人。

当你搜寻如何为你的用户研究找到合适的参与者这一问题时，你可能会发现各种各样的建议，包括避免招募内向的人、害羞的人、不爱说话的人和不善表达的人。请忽略此建议。但凡人们有符合你的研究的要求和行为，那么这些人都值得为你的研究作出贡献。对于一些参与者来说，想得到他们的回应不是一件易事，但是只要付出耐心，运用技巧，你总可以从他们那里得到有价值的信息。如果你在最开始

表3.1 人口统计的局限性

第1个人 人口学统计	第2个人 人口学统计
1948年出生	1948年出生
在英国长大	在英国长大
二婚	二婚
两个孩子	两个孩子
成功商业人士	成功商业人士
富裕	富裕
在阿尔卑斯度寒假	在阿尔卑斯度寒假
养狗	养狗
普林斯·查尔斯	奥兹·奥斯本

来源：布莱恩·索利斯（briansolis.com）受到彼得·盖驰的启发。

就筛选特定的性格类型，就有可能使得研究数据和结果片面化。

有时你会遇到很难相处或者对你研究毫无帮助的参与者。这样的人很少，但是现实生活中确实存在这样的人。依据我的经验，一般情况下人们都有帮助他人的天性。在第二部分中，我们将探讨观察的重要性，并提出合适的问题，这样我们才能了解真相，不能仅仅听凭参与者的说辞而定。当你在定夺用户人选时，不要因为有些人难以招募到或者在某方面存在劣势，就刻意将这些人排除在外。这些人中包括读写能力较低或是对数字不敏感的人，或者那些认知、听觉、视觉、言语、运动等遭受永久性或暂时性损伤的人。

招募简介示例

表3.2给出了一家在线旅游公司用来招募参与者的招募简介示例。表3.3、表3.4和表3.5详细列出了你要求招募机构关注的参与者的相关特征。这些特征不能相互排斥。例如，一个经常旅行的人可能总是习惯在网上预订火车票，而另一个人可能习惯在火车站买票。

明确你不想对谁进行访谈是非常有用的，比如那些现在不会选择乘坐火车旅行的人，或者那些未来也不打算乘坐火车旅行的人。

表3.2　招募简介中包括的内容概要

组织	在线火车票供应商
研究时间	10月22日
研究地点	研究中心 用户研究实验室 AW1 JHD街道
所需的参与者数量	6
每个环节的时长	45分钟
研究环节时间表	参与者1：10:00–10:45 参与者2：11:00–11:45 参与者3：12:00–12:45 参与者4：13:15–14:00 参与者5：14:15–15:00 参与者6：15:15–16:00
激励金额	每位参与者×元钱

表3.3　招募简介中包括的参与者特征

你的访谈对象	在招募简介中包含的特征	研究中的参与者数量
你的访谈对象是乘坐火车出行的人。这些人既包括那些经常出行的人，也包括不经常出行的人。对于此研究来说，这两种类型的人同等重要。	经常出行的人（一周出行多次）	2名参与者
	偶尔出行的人（一个月出行几次）	2名参与者
	不经常出行的人（一年出行几次）	2名参与者

表3.4　研究参与者在线体验意愿分布

你的访谈对象	在招募简介中包含的特征	研究中的参与者数量
对在线操作有经验的人以及对在线操作没有经验的人	对上网非常有信心 尽可能在网上完成任务 非常高兴在网上尝试新事物	1名参与者
	对上网有信心 在线完成多数任务 有时不愿意在网上尝试新事物	2名参与者
	不愿上网 会在线完成一些事情 不愿意增加需要在网上完成的任务数量	3名参与者

表3.5　所招募的参与者需要的出行预订习惯组合

你的访谈对象	在招募简介中包含的特征	研究中的参与者数量
通过线上及线下方式预订出行	在线预订他们所有的出行	1名参与者
	线上和线下出行预订相结合	2名参与者
	线下预订他们所有的出行	3名参与者

招募筛选

筛选问题列表：下面是一组为潜在参与者设计的筛选问卷。此时，你不想向他们透露过多关于研究目的的信息。我们应该尽量避免让潜在的参与者猜测到你想招募什么样的人，因为这样一来他们会刻意美化他们的答案。显然，一旦他们被选中参加研究，你将向他们分享更多关于研究的细节（但不要把所有的细节都和盘托出，也不要对参与者存在任何偏见）。

重要提示

- *值得注意的是，你现在让人们对自己的行为进行自我评估，这并不是一件易事，所以你要向他们解释清楚。*
- *使用中立的问题，给潜在的参与者提供一些选项，便于他们作出的选择反映他们的真实行为，不要只针对你有意选用的人。*
- *如果你是与一家招募公司合作，你就无需包括人口结构统计问题，因为这家公司可能已经收集了一些数据。如果你是自己招募，就有必要包含一些人口统计问题，这可以帮助你选择合适的参与者。*

该调查问卷可以通过电子邮件、网站或社交媒体发送，也可以通过电话或面对面沟通的方式完成，问卷的主要内容如下（改编自刘易斯，2015）：

- 简介；
- 准备工作和时间表；
- 人口结构和行为；

- 置信水平；
- 使用的技术和设备；
- 保密和信息披露；
- 可访问性。

简介

此时，你需要向你的参与者介绍你自己以及你的项目。介绍阶段给你提供了向参与者解释的机会，告诉他们筛选问卷的目的是确定他们是否有资格参加研究，并明确告知他们中有些人可能没有机会参与到项目中（刘易斯，2015）。

准备工作和时间表

告知参与者研究地点和时间表等细节内容。最好一开始就将这些信息清楚地告诉他们。如果研究人员在指定的研究时间和日期里不方便参加，他们就可以提早退出，就无需费力劳神地完成其他任务。

人口结构和行为

诸如此类的问题将帮助你识别所需的用户类型。在这一点上，你给出的选项应该包括你希望参与者应有的和不该有的人口统计数据和行为。将一些你不感兴趣的选项包括在内，有助于淘汰不适合参与这项研究的人（当你阅读下文中的筛选示例时，这将变得更加清晰）。

我完全同意刘易斯（2015）的建议，你应该将下列人选排除在参与者行列之外：你的同行，你的客户，你的竞争对手，以及那些从事网站或应用程序设计及可用性研究的人。但是，这要依据测试访谈内容或研究的特定属性而定。

置信水平

此环节的筛选要求潜在的参与者自我评估他们与研究主题相关的置信水平。上文的筛选示例就是针对一家在线旅游预订公司，列出了一系列数字置信水平测试问题。

使用的技术和设备

了解参与者使用的技术和设备主要有两个原因。首先，如果您打算使用多种设备，你可能希望在研究过程中能够用到你的参与者正在使用的设备。其次，可以将这些信息与潜在参与者分享的数字置信水平进行分组，以确保体验水平的区分度，这样一来，测试的结果就不会带有偏见。

保密和信息披露

如果参与者需要签署保密文件或类似的文件，在筛选阶段提到这一点是非常有用的。最好的做法是确保参与者意识到他们可能被要求签名，最重要的是，他们为什么要签名。

根据项目的性质，还可以告知参与者他们的反馈将被妥善保存，并且这些访谈内容可能被查看、录制或记录。如果参与者对此无法接受的话，他们可以在研究正式开始之前拒绝参与（刘易斯，2015）。

可访问性

如果选择的研究地点无法完成所有的研究，应在研究之初就向参与者明确说明此点，并告诉他们你为他们提供的食宿安排。所有筛选表中都应包含一个问题向参与者问询，他们是否需要其他硬件或软件（刘易斯，2015）。

• 激励人们积极参与

说服人们参与你的研究的最简单的方法就是付报酬给他们。能够说服对方参加到你的研究中包括两个层面：其一，他们同意被安排到用户研究中；其二，他们会在研究当天出席。

你向他们支付的佣金取决于你想招募的人员的类型以及你所从事的研究的类型。这也取决于你从事的研究所在的国家，当地的文化及经济发展水平。如果你对所需要支付的佣金金额有疑问，你可以联系当地你想与之合作的招募机构，从他们那里获得一些建议。接下来的例子是我总结的在英国适用的大致情况。

30分钟　30英镑

40分钟　45英镑

60分钟　60英镑

佣金还取决于访谈环节的时长。不过你至少要支付由此而产生的差旅费。与居住在小城镇的参与者相比，居住在大城市的参与者对此的预期会更高一些。拥有高薪或从事专业工作的人，即使参与的用户研究与他们的工作无关，他们也会期望更高的佣金，因为他们为此付出了时间。向不同的人发放不同金额的佣金，你可能觉得不公平。但是请注意，有些人将他们的时间赋予更高的价值，佣金的多少恰恰能反映出这一点，只有这样，你才能够招募到你想要的人选。

如果你开展的是一项在线调查，奖励方式可以采用代金券抽奖的方式。例如，一等奖：价值50英镑的代金券1张；二等奖：价值20英镑的代金券2张。然而，这些激励不应该与被研究的产品、服务或体验相关。如若不然，除了道德层面的问题之外，还会影响你的研究结果。如果你给参与者发放代金券，让他们在你的组织内消费，他们可能会大大增加对你向他们展示的任何东西的好感。

筛选示例

前文所展示的虚拟的在线火车票公司的各部分的标题与我们讨论过的内容并不完全相符。他们是经过了改编的，以便让潜在的参与者更好地接受和理解，这有助于他们更快地理解每个部分对他们提出的要求。为了让具有不同背景和经验的人都可以回答你的问题，你最好尽可能使用简单的英语表达。表3.6展示了如何将我们讨论的筛选话题与主题紧密联系在一起。

注：人口统计问题大多是可选的；只包括那些与你的研究相关的内容。还有一些其他的问题，我没有包括在人口结构中，但是也可能与你的研究相关。下文是虚拟在线旅游公司的招募筛选表。

表3.6　筛选示例的标题以及潜在的参与者如何回复

我们的议题	筛选部分主题
简介	介绍与欢迎致辞
准备工作	研究详情
人口结构和行为	自我介绍，如何预订出行
置信水平	在线体验
使用的技术与设备	你使用的技术和设备
保密和信息披露	涉密和泄露
可访问性	你的使用需求

介绍和欢迎致辞

我们正在招募一些人参与一个旅游票务供应商的研究，该公司正在向用户寻求帮助，以改进其提供服务的方式。

研究细节

请参考表3.7。

表3.7　招募概要

研究日期	10月22日
研究地点	用户研究中心实验室 AW1 JHD 大街
环节时长	45分钟
激励金额	45英镑

哪个时间段对你来说是合适的

请参考表3.8。

表3.8 时间安排

时间	时间是否合适	
10:00–10:45	合适	不合适
11:00–11:45	合适	不合适
12:00–12:45	合适	不合适
13:15–14:00	合适	不合适
14:15–15:00	合适	不合适
15:15–16:00	合适	不合适

自我介绍

请介绍一下你自己。请参考表3.9。

表3.9 自我介绍

年龄	18岁以下 18到24岁 25到34岁 35到44岁 45到54岁 55到64岁 65岁以上
性别	女 男 变性女 变性男 中性

（续表）

性别	泛性别 不愿说明
教育背景	没有正式学历 普通中等教育证书 商业与技术教育文凭 普通国家职业资格/国家职业资格 中学准高级水平 （英国普通中等教育文凭考试的）中学高级水平 学士学位 硕士学位 博士学位 学术培训 经贸/技术/职业培训 其他（请详细说明）
婚姻状况	单身 （男女）同居 已婚 合法同性婚姻/伴侣关系 分居 寡居 离婚
你是家长还是监护人?	无孩子 1个孩子 2个孩子 3个孩子 4个孩子及以上
种族	**白种人** 英国人/爱尔兰人/吉普赛人或流浪者 其他白种人背景，请描述 **混合种族** 白种人和黑种加勒比海人 白种人和黑种非裔 白种人和亚裔 如果是其他混合/多种种族，请描述 **亚洲/亚裔英国移民** 印度人 巴基斯坦人 孟加拉国人

（续表）

种族	中国人 其他亚裔，请描述 **黑种人/非洲裔/加勒比/黑种英国人** 非洲人 加勒比人 其他黑种人/非洲裔/加勒比，请进一步描述 **其他种族** 请描述
就业状况	全职 兼职 个体户 没有工作，现在正在找工作 没有工作，现在不打算找工作 家庭主妇 军人 退休 无法工作 志愿者
工作职位（如果相关）	[空白或指定特定行业]

（关于所设计的用来获取信息的表单的包含性和多样性我们将在后文中进一步讨论，请参阅丰塞卡，2017。在这些领域，我们的理解力和使用的语言水平也在不断提高。）

如何旅行

请告诉我们你喜欢的交通方式。请参考表3.10。

表3.10 交通方式与出行频率

交通方式	出行频率
私家车	经常旅行的人（每周数次） 偶尔旅行的人（每月几次） 不经常旅行的人（每年几次） 我从不选择此种旅行方式，将来也不打算这样做 我现在不选择此种旅行方式，但将来打算这样做
摩托车/踏板车	经常旅行的人（每周数次） 偶尔旅行的人（每月几次） 不经常旅行的人（每年几次） 我从不选择此种旅行方式，将来也不打算这样做 我现在不选择此种旅行方式，但将来打算这样做
自行车	经常旅行的人（每周数次） 偶尔旅行的人（每月几次） 不经常旅行的人（每年几次） 我从不选择此种旅行方式，将来也不打算这样做 我现在不选择此种旅行方式，但将来打算这样做
公交车	经常旅行的人（每周数次） 偶尔旅行的人（每月几次） 不经常旅行的人（每年几次） 我从不选择此种旅行方式，将来也不打算这样做 我现在不选择此种旅行方式，但将来打算这样做
火车	经常旅行的人（每周数次） 偶尔旅行的人（每月几次） 不经常旅行的人（每年几次） 我从不选择此种旅行方式，将来也不打算这样做 我现在不选择此种旅行方式，但将来打算这样做
地铁	经常旅行的人（每周数次） 偶尔旅行的人（每月几次） 不经常旅行的人（每年几次） 我从不选择此种旅行方式，将来也不打算这样做 我现在不选择此种旅行方式，但将来打算这样做

（续表）

交通方式	出行频率
有轨电车	经常旅行的人（每周数次） 偶尔旅行的人（每月几次） 不经常旅行的人（每年几次） 我从不选择此种旅行方式，将来也不打算这样做 我现在不选择此种旅行方式，但将来打算这样做
出租车/优步	经常旅行的人（每周数次） 偶尔旅行的人（每月几次） 不经常旅行的人（每年几次） 我从不选择此种旅行方式，将来也不打算这样做 我现在不选择此种旅行方式，但将来打算这样做
飞机	经常旅行的人（每周数次） 偶尔旅行的人（每月几次） 不经常旅行的人（每年几次） 我从不选择此种旅行方式，将来也不打算这样做 我现在不选择此种旅行方式，但将来打算这样做

如何预订出行计划

请告诉我们你喜欢的出行预订方式。请参考表3.11。

表3.11　出行预订方式

我所有的旅行都是在线预订的（或者尽可能多地在线预订的）	网站 应用程序
我有时选择在线预订，有时选择线下预订	网站 应用程序 自动售票机 售票柜台 旅行社 拨打旅行社电话 交通稽查

（续表）

我所有的旅行都是在线预订的（或者尽可能多地在线预订的）	网站 应用程序
我通过线下方式预订所有的旅行	自动售票机 售票柜台 旅行社 拨打旅行社电话 交通稽查

在线体验

请告知我们你喜欢通过在线的方式完成哪些事情。请参考表3.12。

表3.12　在线体验

你喜欢通过在线的方式完成哪些事情?	购物 预订 银行 看电视/电影/视频 社交媒体 行政工作 电子邮件（用于通讯） 听音乐 研究 其他；请注明
你不喜欢通过在线的方式完成哪些事情?	购物 预订 银行 看电视/电影/视频 社交媒体 行政工作 电子邮件（用于通讯） 听音乐 研究 其他；请注明

你使用的技术和设备

请参考表3.13。

表3.13　使用的技术和设备

你使用什么设备上网?	个人台式电脑 iMac（苹果台式电脑） 个人笔记本电脑 苹果笔记本电脑 iPad（苹果平板电脑） 平板电脑 智能手机 iPhone（苹果智能手机） 智能电视 智能手表 以上都不是 其他；请注明

保密和信息披露

如果你被选中参加这项研究，你将被要求签署一份保密协议。

可访问性需求

如果有其他需要，例如轮椅通道或辅助楼梯等，请告知我们。

如果你需要使用其他辅助技术，例如屏幕阅读器等，也请告知我们。

接下来的工作

如果你能够参加这项调查，我们的招募人员将会在（日期）之前与你联系。

如果你正在创建一个招募筛选表，你可以借鉴这个示例，并在此基础上加以修改。如果你请招募机构帮你起草筛选表，你可以利用你新习得的知识来审查他们所做的筛选表是否合适。

• 了解观察的重要性

人们所说的和所做的往往有很大出入

如果你想了解人们的行为方式，你可以精简你的研究对象人数。要想了解人们使用服务和产品中的各种行为（无论产品或服务是否数字化），我们通常是通过观察人们如何承担和完成某些任务来实现的。通常情况下，拥有相似背景和做事动机的人群，他们的行为是相当一致的。

我们都倾向于认为自己和别人是完全不同的、不可预测的。这并不是真实的。我们每个人都有很多后天习得的行为表现，我们对事物如何在宏观（社会）和微观（家庭、个人）层面上运作有着共同的文化和社会理解。当自上而下（由宏观向微观层面）移动时，只要你分组的方式是正确的，那么这些群组（用户组）会具有相似的/共同的经验，同样，他们对事物运作的理解也是相似的。

设计师们早已知道这一点。这种共同的理解就是我们为什么在构建事物的时候会遵循一定的设计模式。

> 人们的想法千差万别，而且随着时间的推移，同一个人的想法也会发生很大的变化。因此，在收集意见的时候，你需要询问更多的对象才行。

如果你所进行的是可用性测试，几个环节下来，你就会发现人们在完成相同的任务时，他们会表现出重复的行为方式，他们完成任务的方式也大致相同。然而，他们对任务的感觉以及他们对体验的看法却有着非常大的差异。就此，有些人提出了这样的观点：人们并不总是愿意与他人分享他们的真实想法或者他们并不真正清楚了解自己的想法。我经常在用户研究中遇到如下情况，当用户被问及他们的想法时，他们会说："大多数人得费上一番功夫才能在这个网站上买到手套，他们不会喜欢这一点。但是买手套这件事对我来说是小菜一碟，因为我是一名互联网专家。"因此，事实上，大多数时候我们并不能真正了解其他人的想法。

当人们进行自我评价及评价自己的行为时，是很难做到客观公正的。例如，能否完成研究任务，依赖于人们是否说明真相，是否诚实地对自己的行为和想法进行描述。在线调查尤为如此，因为在线调查是由一群自主选择参与的人来完成的，这些人有时不一定能代表整个群体。

在收集偏好数据时，你必须考虑到人性问题。当谈及过往的行为时，用户自我报告的数据通常是偏离真相的，主要包含三个层面（尼尔森，2001）：

- 在回答问题时（尤其是在焦点小组的情形下），人们会美化事实，让他们的回答更接近于你想要得到的答案或者是被社会群体更为接受的答案。

- 在描述他们的行为时，人们告诉你的是他们记忆中做过的事情。人类的记忆是容易出错的，尤其是在小细节方面更易发生偏差。用户根本不能记住所有细节。

- 在汇报他们所做的事情时，人们会为自己的行为找借口，为自己的错误辩解，或者将本不属于他们的错误归咎在自己身上。

重要提示

当你询问他人的意见时，要确保你提出的是正确的问题，以避免收集有偏见或质量不佳的数据。

案例分析　行为与意见之间的差别

我在做咨询师的时候，我工作的地方与英国上议院离得非常近。关于英国上议院是做什么的，你可以在它的网站上查询到。这个网站对上议院的介绍非常翔实，如果你对此感兴趣，你可以登录www.parliament.uk查看详情。

我负责观察一名参与者在英国上议院网站上完成一项任务，这项任务属于可用性测试环节。我从头到尾观察了她答题的整个过程，并且记录下了哪些题对她来说有难度，哪些题她可以轻松作答。有些任务完成起来比其他的要容易得多，这是一个不争的事实。这位参与者一边做任务，一边与我交谈，我会适时向她提出一些相关的问题。在她完成了作答任务后，我询问她在此网站上作答的整体体验情况。她告诉我这是一个超级不好的网站，非常难用，根本找不到想要找的东西，并且还告诉我她如何痛恨上议院，以及上议院在其任期内所做过的糟糕的事情。

我是在用一个极端的例子来说明我的观点。这位参与者难以将她对上议院的看法以及她的政治立场与她对本网站的体验区分开来。如果我没有观察其全部作答过程，仅凭其描述，那么我得到的反馈可能是非常有偏见的并且不正确的信息。这个案例较好地诠释了观察的重要性，不能仅凭参与者的片面之词，有时这是不正确的。

这个案例与常见的现象恰恰相反：通常情况下，人们会过于礼貌，难以作出负面的评价。他们反馈某种东西是不错的，他们喜欢它，然而，你可能观察到的是他们在完成任务的过程中遇到了很多问题，作答过程并不是那么顺利。

大家还需要考虑到一个问题：有时候参与者会非常清楚地了解任务完成的真实意义，但是有些时候他们对此并不了解。这对他们所做的调查结果是有很大影响的。如果他们不知道成功完成某件事到底是什么样子的，例如，对于“在此网站上购买一双手套”的成功与否没有明确的界定，那么他们可能并不知道他们事实上并没有完成任务，反而觉得他们有一次非常好的体验。

最后还有一点值得思考：如果人们对于他们刚刚完成的事情的看法并不是客观的，那么不要询问他们诸如“他们将来会打算如何做”之类的问题。用户对他们真正想要的东西并不清楚。我猜想大家应该听说过亨利·福特关于汽车和马的名言[①]（尼尔森，2001）。

① 指的是“If I had to ask customers what they want, they will tell me: a faster horse.”（如果我当年去问顾客他们想要什么，他们肯定会告诉我：一匹更快的马）。这告诉我们，顾客的意见固然重要，但是只问用户的意见是做不出突破性的新产品的。——译者注

• 提出合适的问题

不管你采用何种调查方法，要想得到高质量的调查结果，一个非常重要的环节就是提出合适的问题。

第一条法则：包容性

一定要避免使用行话及专业术语，尽量使用简单的语言。在不得不使用专业术语的情况下，一定确保向参与者解释清楚这些专业术语的含义：千万不要想当然地认为参与者能够完全理解你所说的事情。如果你没有事先解释清楚，就会产生两种结果：其一，他们会要求你解释，这倒没什么问题，但是这样做可能会让参与者在整个研究过程中都感觉不自在；其二，他们没有要求你解释，他们仅凭自己的猜测或者是在作答时胡编乱造一气。这样一来，你收集到的就是不正确的数据。即使你面对的是有着技术和专业背景的对象，也最好在最初与他们一起，就专业术语达成共识。请记住一点，各位专家之间也存在知识、体验和专业认知的差异。

使用简单的语言将会让你的研究具有包容性。使用清晰、简单的语言不仅能帮助你的用户研究对象了解你所说的，还可以让他们感到身心放松，并且在整个研究过程中，有一种较强的参与感。

第二条法则：在解释性研究中使用中性的、开放式的问题

很多情况下，“是否”类型的封闭式问题是十分有必要的，且是有效的。然而，如果你从事的是解释性研究，如访谈、可用性测试等研究，你需要尽可能多地使用开放性问题。所谓的开放性问题，是指这些问题没有既定的答案，一般不能用一个词就说清楚。

提及问题形式，各种做法各有利弊。举一个非常简单的例子来对此加以说明，即“你喜欢这个吗”，用这个问题询问用户对你所展示的产品或服务的看法时，看起来非常合理。但是这种提问方式会影响用户的回答，他们往往会给你一个积极的正面的回答，最起码非负面的回答，因为从人类本性上来讲，是不想伤害其他人的感情的，所以他们在向你表达他们的喜好时会再三考虑。

再者，如此简单的问题可以用“是”或“否”来回答，不用解释就可以将其意愿表达清楚。想要提出一个开放式的中性的问题，你应该给应答者一系列的选项，并且尽量不要影响他们的判断。要知道，在我们思考过程中是极易受到影响的。鉴于此，我会把涉及偏好的问题用另一种平衡的方式提出。例如，“如果有的话，你最喜欢的是什么？”当然，此问题之后，我会进一步跟进，问道：“如果有的话，你最不喜欢的是什么？”询问其他人是否喜欢某种东西，表面看起来没有什么特别之处，但是会对他们的潜意识产生影响。

如果可以的话，避免将正面和负面的词放在一起，但是我知道这似乎是不可能的或者是不合适的。举例来说：

你对×××的体验是怎样的？

你觉得×××怎么样？

你觉得这里面哪些东西对你来说最为受用，哪些与你毫不相关？

在你初次设计问题时，不管你采用哪种研究类型，不断练习提出这些问题，并查看你所得到的反馈结果。这会有助于你优化所提的问题，使之达到最佳效果。花些时间规划设计你的问题，让它们更加中性客观，是非常值得的。

示例

想象如下场景，你让参与者阅读一些内容。你想知道内容是否表达得清楚（详见第六章内容），现在我们将简化过程，来考虑以下三个问题以及这些问题的内涵：

1. 你是否能理解（内容）？此问题在潜意识中假设各参与者已经明白阅读材料的内容，这样一来极易得到一个“是”或“否”的答案。如果仅此一个问题而没有其他跟进问题，你将无法确定事情的真相以及原因。

2. 你是如何理解（内容）的？此种提问方式隐含的意思是指参与者已经清楚部分内容，也可能对某些内容尚不了解。无论如何，以此种方式提出问题，将能够鼓励参与者对其所理解的内容进行描述。

3. 对于（内容），你是如何理解的？你如何向你的朋友进行描述？此种提问方式最为中性。对于参与者是否理解了内容，此问题中并没有给出任何暗示。只是让他们描述他们对某些事项的看法。通过分析，你将能够非常清楚地辨识出参与者对于这些问题的掌握情况。

第三条法则：避免给出核心词

避免影响研究结果的提问技巧也可以是限制你提出的问题和任务中核心词的数量。这对于任何类型的研究都是适用的。最简单的解释方式是使用示例来描述。

情景

图3.1是一家名为“支持慈善”的慈善网站主页的截屏。假设你正在对此网站开展可用性测试。你认为用户在搜索和报名参加该组织举

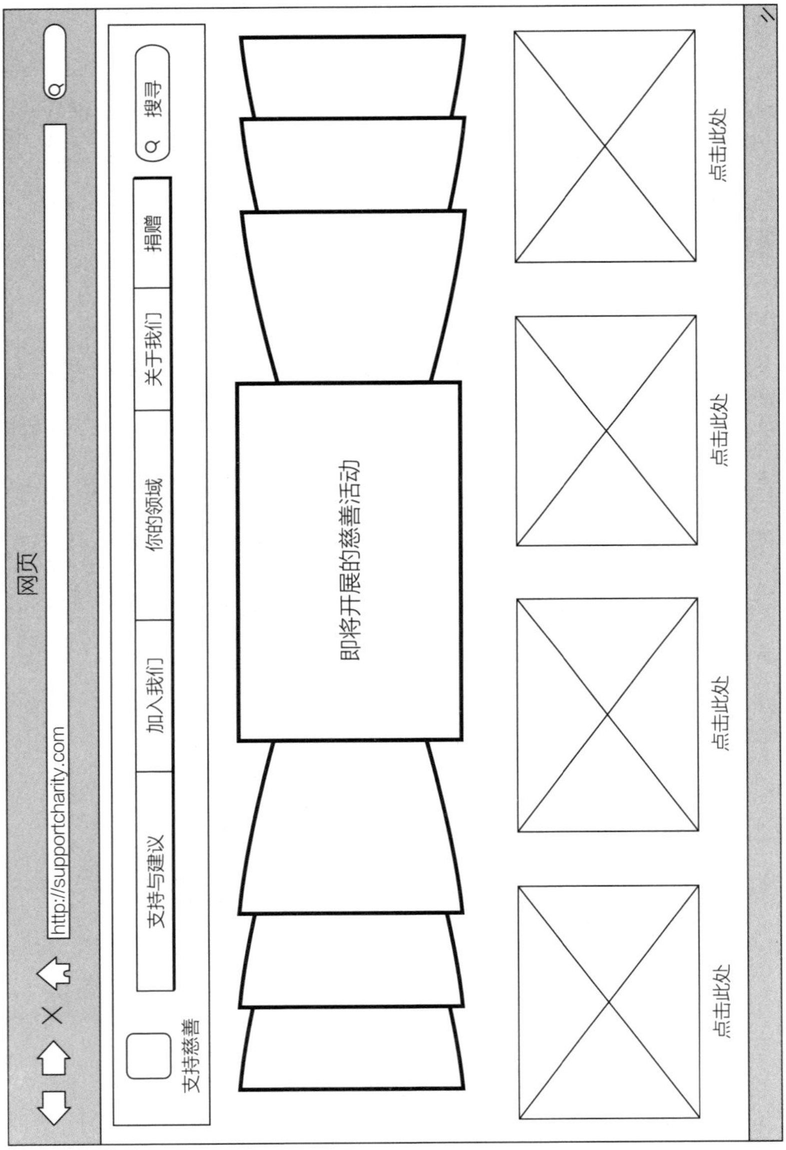

图3.1 “支持慈善”网站网页

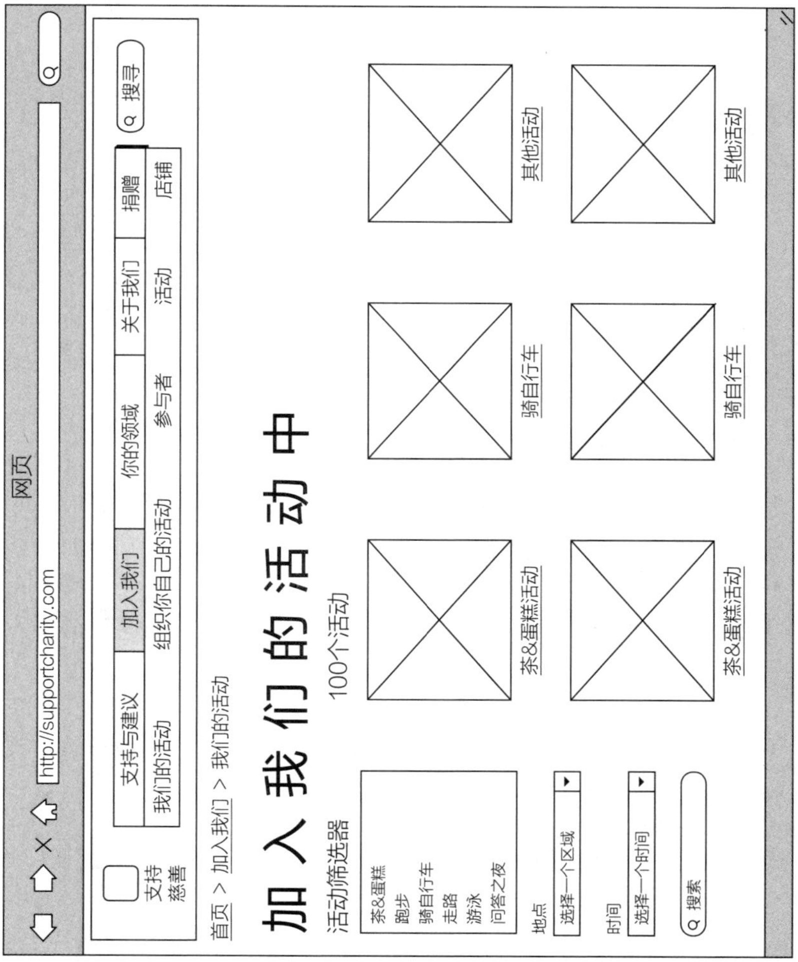

图3.2 “支持慈善”网站活动网页

办的一些集资活动时会存在困难。图3.2展示的是事件网页页面。

为了能够挖掘出参与者是如何搜索和报名参加某项活动的，你可以设置一个开放式问题。你设计的问题可能如下所示：

选项1：假设你想参加“支持慈善”对一项体育赛事的募捐活动。你想知道在你所在地区这些活动的具体信息，例如时间和地点等。

选项2：假设你想为“支持慈善”举办一次对体育赛事的募捐活动。你想知道在你所在地区在什么时候，以及在什么地点会举办哪些活动。

同一个任务可以采用不同的语言来描述。让我们来看一下为什么使用不同的语言会如此重要。选项1使用关键词，选项2没有使用关键词（这里的“关键词”指的是在网站上用作导航标签的词）。图3.3至图3.5显示了你可以采取的获取所有的筹款运动项目的三个步骤：

1. 点击主页的“加入我们”主导航栏（图3.3）。

2. 在二级导航下拉菜单中点击“活动”和“搜索活动”（图3.4）。

3. 在“你的领域”下搜索一个体育赛事（图3.5）。

让我们回顾一下方案1：“请想象一下，你想通过参加体育活动来为慈善机构筹集资金。”你需要在你所在的区域寻找即将产生的某个活动的时间和地点。我在任务中标记出可以找到的所有关键词。将关键词添加在任务中有两方面的效果：第一，当参与者浏览网站，准备完成任务时，他们会迅速找到这些关键词，会将注意力集中在这些关键词上，点击这些按钮就能进入下一步的任务：“加入我们”，“搜索活动”，“加入他们其中的一个活动”，“活动筛选器”。这意味着他们在家独自完成任务时更快捷方便。第二，你可能带他们偏离轨道，如果没有这些关键词，他们独自操作时，方式可能会有不同。当你提及“你的领域”时，就向他们提示这个网站有这样一个功能。他们可能在这之前

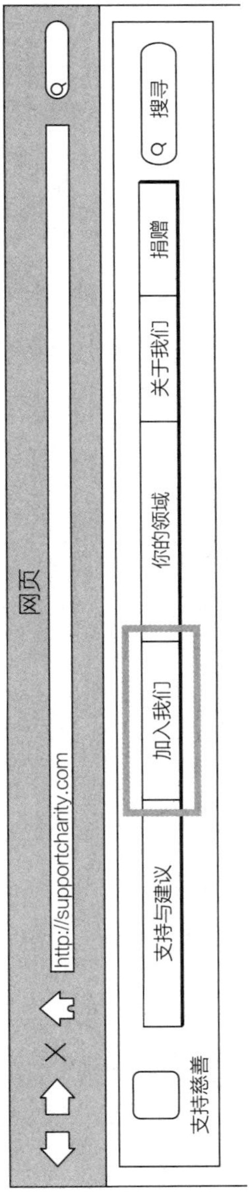

图3.3　第一步　点击“加入我们”主导航栏

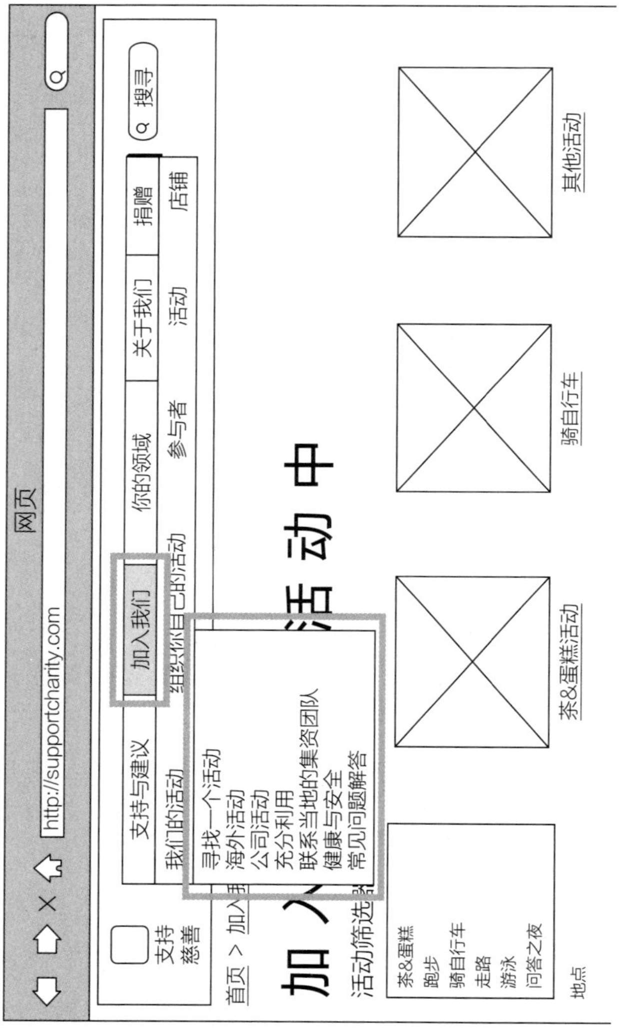

图3.4　第二步　点击二级导航下拉菜单

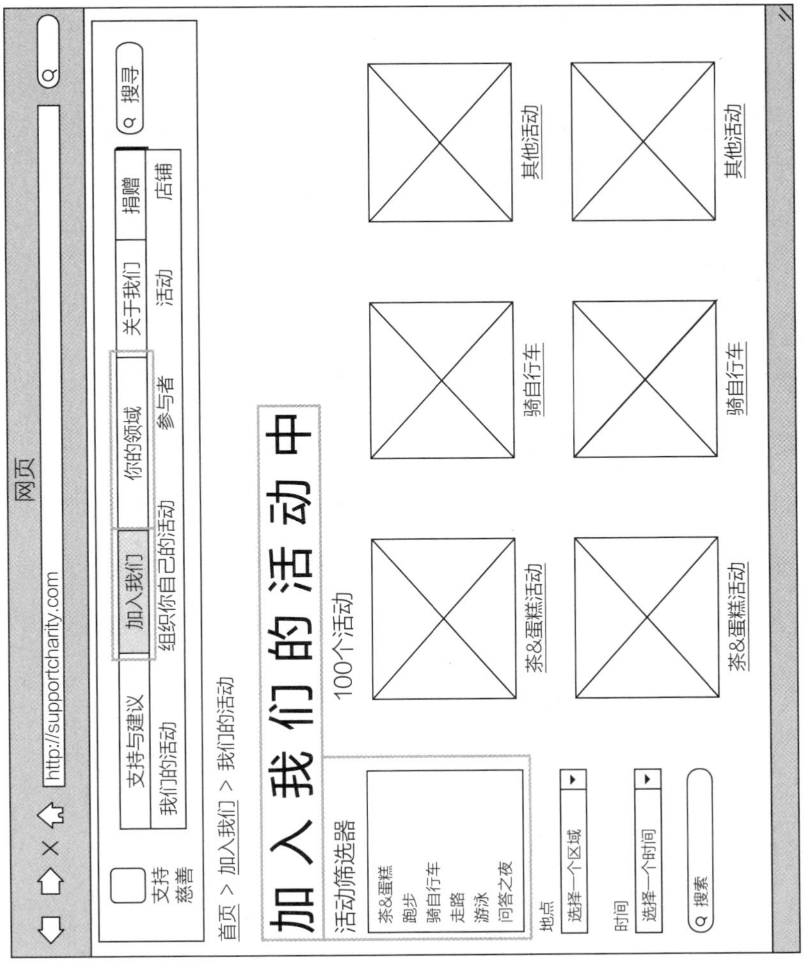
网页
http://supportcharity.com
支持慈善
支持与建议
加入我们
你的领域
关于我们
捐赠
搜寻
我们的活动
组织你自己的活动
参与者
活动
店铺
首页 > 加入我们 > 我们的活动
加入我们的活动中
活动筛选器
茶&蛋糕
跑步
骑自行车
走路
游泳
问答之夜
地点
选择一个区域
时间
选择一个时间
搜索
100个活动
茶&蛋糕活动
骑自行车
其他活动
茶&蛋糕活动
骑自行车
其他活动

图3.5　第三步　完成任务

已经注意到这一点，因为任务中提到过，他们可能开始使用这项功能了。当然，他们可能都会这么做，但是我们还是要避免对他们做过多的引导。

方案2："请想象你想组织一个体育活动来支持慈善机构筹集资金。你想知道你所在的地方何时或何地发生某件事情。"——这并不包含任何关键词，因此让参与者自己操作设备，按照他们自己的想法完成工作任务即可，从而避免加入你潜在的正面的和负面的意图。

这是一个数字化的例子，但是这样的规则也适用于非数字化的情境中，例如纸质表格中。如果你想知道人们是如何努力完成一个表单的，请不要在纸上写上任何关键词。

第四条法则：知道什么时候打破某些规则

你可能听过这样的话：学习规则的目的就是知道如何正确地打破这些规则。这听起来像是智者说的话。一旦你熟悉并了解了这些规则，你就会明白什么时候需要打破它们。重要的是，当你已经"打破规则"的时候，你要把这些心得记录下来。在下次分析过程中，你就可以利用这些心得体会来打破规则。

场景1：毫无反应的参与者

毫无疑问，如果你做了足够的研究，你会遇到一些不愿分享的参与者。他们在回答问题时会非常不自然。他们有很多洞见想向你提供，但是他们苦于不知道如何表达。要想得到他们的答案需要很多技巧和实践；有些时候你不得不向他们提出一些直接的、引导性的问题。下面有一个非常简单的例子：

问题：告诉我你从虚拟的火车公司APP上购买火车票的经历。

回答：还不错。

下一个问题：哪些部分会让你使用起来比较困难？

回答：在我输入我的信用卡信息时，需要多次尝试才可以，这是令人沮丧的。

问题：你觉得它的优点是什么？

回答：选择合适的火车时间很容易。

你可以从这个非常简单的交流中看出来，引导问题是用来了解参与者的体验的，如果不是这样的话，这些体验是无法得到的。

场景2：干预性的可用性测试

如果一个参与者在完成某项任务时表现得非常困难，这将给他们带来无尽的痛苦和挫折。但是此时中断研究是不可取的，为了帮助这些参与者，你需要在他们完成任务的过程中，向他们提供帮助，让他们不断进步（这将在第五章可用性测试中进一步讨论）。

场景3：调研

调研是另一种不同的研究方式，此种方式下使用封闭式问题将更为有效。当然，这些问题仍需要精心设计（我们将在第八章更深入地讨论这个问题）。例如，可以问他们是否同意某项声明："这是一份关于我们服务的声明。你在多大程度上同意此声明的说法。"（详见表3.14）无论你采用何种技巧，最终目的是让参与者有机会以他们想要的方式来表达自己的观点。

表3.14 同意的程度

非常同意	同意	一般	不同意	非常不同意	毫不关心

• 可访问性和包容性

我曾经提到过，你们的产品或者服务是不能做到取悦所有人的——然而，你需要尽可能地让你的既定目标受众接受。即使是在一个特殊的群体中，也会存在多样性特征，人们的能力会各有不同，所以你在研究之初就应该考虑到可访问性和包容性。我并不打算在这里完整地介绍可访问性和包含性，因为这部分内容值得大费笔墨来详细说明。但是无论如何，我都会向大家提供足够的信息。让你的产品具有可访问性包含以下几个不同的含义，请参见下文中的简要概述。

自动可访问性测试

在设计、开发和改进产品时，可以使用各种自动化工具，以帮助你检查它的可访问性。W3C（2017）中给出了一系列非常实用的网页可访问性评估工具列表。借助列表内容，你能够识别出20%至30%的问题（政府数字服务，2017）。

手动可访问性测试

在开发周期中，设计人员和开发人员可以使用辅助技术（例如，屏幕阅读器、屏幕放大镜和语音识别软件）来查看他们正在构建的内容是否与这些技术兼容。你也可以仿效此种方式，购买一些辅助数字技术。这将是一项非常有益的投资。针对可访问性，还要考虑其他的事情，具体如下：

- 允许人们改变你的数码产品的颜色对比度以满足他们的需要。
- 可以选择项目的目标的大小，如按钮和复选框等。运动障碍患者可以使用这些功能吗？
- 你的数码产品能够只用键盘不用鼠标操作吗？

邀请专家来审核你的成果

你可以邀请技术专家来审核数字产品或数字服务。这项工作应该尽早完成，问题积攒的时间越长，问题就越难解决（政府数字服务，2017）。服务审计技术无障碍专家能够审查视觉、听觉、认知和运动障碍等方面存在的潜在问题。他们会发现很多问题，在此方面花费一定的时间和资金是值得的。然而，专家毕竟是专家，终究是无法替代用户的。

使用辅助技术进行可用性测试

与所有类型的用户研究一样，你需要让用户参与其中。在测试过程中，使用辅助技术对你的数字产品进行可用性研究是发现问题的好方法。当然，不仅使用一系列的辅助技术，还要考虑这些技术的使用体验，这将是非常有用的。要知道，经常使用辅助技术的用户与首次使用这些辅助技术的用户通常会有不同的体验。

包容性

包容不仅仅是指“技术数字可及性”。如果我们考虑人类的全部能力，我们需要考虑读写能力和（数字）技能水平，以及暂时性损伤和永久性损伤。

在开发或改进你的产品时，应当考虑一下如何支持那些读写能力和数字技能较低的人（或任何使用你的产品/服务所能用到的技能）。服务和产品的可及性不仅仅是一个编码过程，也不仅仅是使用屏幕阅读器或选择正确的颜色调色板：包容性的表现形式多种多样。

请采用简单的英语进行表述，选用清晰的、描述性的内容。这些内容适用于各种不同能力的参与者（请参阅第六章关于内容测试的内容）。遵守这一规则，对每个人都很重要，无论他们是刚学会识字还是受过高等教育。尤其对于那些有诵读困难症的人来说，这是非常有帮助的。

对于电子产品或服务来说，你还需要考虑如何满足那些无法使用计算机或数字能力较低的用户的需求。如果你的工作涉及多个渠道，那么你可能需要开展多项研究，用以了解用户是如何选用不同的渠道来实现他们的目的的，了解他们对每个渠道的体验质量是否相同。与具有专业背景的用户相比，那些读写能力和数字技能较低的用户在使用产品时遇到的问题和障碍会有很大差异：在支持两类用户群之间取得平衡是一项艰巨的工作，但这的确是一件值得为之付出心血的事情。

04
第四章

管理用户研究准备工作：机构、设施以及合同

• 准备工作

安全第一

我并不想在你还未开展研究之前吓唬你，但是在开展用户研究时，考虑到你自己和其他人的安全是至关重要的。确保你的团队或者同事知道会面的地点和时间。如果能有人协助你完成，那就再好不过了。例如，你可以让专人护送参与者进出大楼，给他们准备饮料，向他们发放报酬。这些会让一切运行得更加顺利。如果感觉哪里不对劲，可以向他们求救。如果参与者表现出粗鲁或有攻击性的行为（当然，这是非常少见的现象，发生的可能性很小），请不要默许纵容。你可能觉得这是理所当然的，但是需要引起重视：这些是让人难以接受的行为，你应立即停止访谈进程，并示意他们离开。

如果你十分确定地察觉到参与者虚报了自己的身份，例如，你的研究对象是教师，但是从参与者的回答中能够清楚地判断出，他们对教学一无所知。那么，你要做的是停止访谈进程，并要求这些参与者

离开。这个过程需要采取巧妙而冷静的方式完成，而且最好在另外一名同事在场的情况下完成。有时参与者会非常自觉地离开，但是有时你不得不为他们付出的时间支付报酬。把你的时间和精力浪费在那些不能向你提供有用或真实数据的人身上是没有意义的。

在用户研究过程中，当访谈的地点是在他们熟悉的环境，那么最好两个人一起开展研究。如果人们让你进入他们的房间，这就达成了一种双向的信任契约，因为每个人都需要安全感。应该事先告知参与者，让他们知道将会有两个人前去拜访（这将在第十三章关于情景调查部分中有更深入的讨论）。例如，如果你带一个同事前去做记录，你事先把你们的分工以及到访的原因明确告知参与者的话，参与者会觉得非常安心。

你还需要询问参与者是否需要任何医疗救助，这些在研究开始之前你就应该考虑，并且预计是否有可能出现医疗紧急情况。（当然，他们完全有权不回答这个问题，但你还是需要提醒他们。）例如，如果你发现有人呼吸困难，你应该推测出他们或患有哮喘病，你可以帮助他们寻找呼吸器或者呼叫医疗援助。

开展面对面访谈时的外观

在研究过程中不可避免地会出现你和参与者共处一室的场景，你们会对彼此作出快速的判断。因此，你需要考虑你到底想给别人留下什么样的印象。

如果可能的话，请穿着与参与者相似的衣服。如果对此不确定的话，那么遵循整洁原则，避免穿着太显眼。在大多数情况下，不适合西装革履，这样会让你显得过于正统，而让参与者感到舒服是非常有必要的。

在开始之前，确保你的设备已经准备得当，且能正常工作。并且你已经准备好了所有你需要的东西。如果参与者要去你的所在地进行访谈，确保在他们到达之前，把所有的东西都准备好。如果你要去参与者所在地进行访谈，请确保所有的东西都能触手可及，并且在你到达之前尽可能提前安排好。

注意文化差异

如果你要在与自己所在社会文化不同的环境中开展研究，最好让自己熟悉可能遇到的文化差异。你可能从事的是国际研究，或者是跨行业的研究，或者是不同的社会经济体制的研究。那么，你可能需要考虑语言障碍、当地习俗和预期行为等。意识到潜在的文化差异会帮助你：

- 对你的研究进行合理的规划；
- 在认定可接受和不可接受的行为方面做到心中有准备；
- 逐渐理解正在收集的数据所发生的背景。

对儿童开展用户研究

如果你的产品或者服务是针对儿童设计的，那么在计划和开展用户研究时需要考虑更多其他因素。简单来说，需要考虑的主要问题是：

- 如果你在英国，你需要接受CRB的检查（由犯罪记录局检查）。如果你在英国以外的地方工作，也要考虑是否有类似的规定。
- 你需要得到儿童父母或者监护人的许可，当你开展研究的时候，父母或者监护人需要在场。
- 在英国，你不能向儿童提供现金奖励，但代金券是个不错的选择。无论你的研究是在哪里进行的，类似的事情都需要考虑。

- 考虑参与研究的儿童的预期年龄段以及可能的注意力跨度。你需要非常专注于你想要达到的目标。

• 招募机构，选择设施，签订合同

根据你研究的预算，采用不同的方案。

非常少的预算

你必须把这些钱花在激励参与者方面，除非你能说服参与者为你免费做研究。基本上，整个项目都是你自己完成的。

较少的预算

考虑聘请一家研究参与者招募机构，为你的研究招募合适的人选，这将是非常好的投资，因为寻找和招募参与者是非常耗时的。通过将招募过程外包出去，你可以专注于做好研究所需的其他部分。

中等预算

这些预算可以使用在以下几个方面：

- 开展用户研究的专业设施；
- 专业机构或承办机构代你做研究；
- 参与者的招募和激励；
- 反复迭代的研究。

决定是否把钱花在设施、技能或者开展更多的研究方面，这取决于你的需求和选择的研究方法。在阅读完第二部分之后，你就能够更好地了解哪些是你最正确的选择。

庞大的预算

借由庞大的预算，你就可以把所有的工作都外包出去，或者自己完成更多的研究，这些预算可以使用在以下几个方面：

- 参与者的招募和激励；
- 开展用户研究的专业设施（这取决于你的需求和选择的研究方法）；
- 开展研究的专业机构或者承办机构；
- 反复迭代或更深入的研究。

如果你有较大的预算，我还是建议你通过阅读这本书来了解什么是优质的用户研究。阅读《政府数字服务》（2016年8月），你能清楚地了解关于如何系统地提供服务。指南将帮助你：

- 描述你的需求；
- 与供应商进行有效沟通；
- 评估供应商的建议；
- 选择合适的供应商；
- 起草一份保证你和供应商良好合作的合同。

你不需要照本宣科地听从政府的建议：因为政府对纳税人的钱有着严格的支出标准。参考政府的建议会让你知道如何安排你的选择过程，如何购买合适的产品或服务，如何花掉你的预算。如果你以前没有使用过专业服务，那就要学会明智地花钱。

关于这个问题，我最后要说明的是，我认为专业的设施和服务在大城市之外的地方是很难得到的，所以预算经费可以更好地花在研究上，并在合适的情况下开展更广泛和深入的研究。

• 第一部分小结

要记住的要点是：

- 明确你的研究目的；
- 让合适的人参与进来；
- 注意道德问题；
- 以对你和你的参与者都有效的方式来组织和计划你的研究；
- 记住观察的重要性：人们所说的和所做的是两件不同的事情；
- 提出正确的问题；
- 不要忘记可访问性和包容性；
- 安全性对于平稳进行研究是至关重要的；
- 明智地花钱，友好地协商。

2

| 第二部分 |

选择和使用用户研究方法

SELECTING AND USING USER
RESEARCH METHODS

在本书的这一部分，我们将着眼于为你当前的研究选择正确的方法，并学习如何有效地使用每一种方法。在许多情况下，你需要将多种方法结合起来开展研究（关于如何将各种方法组合起来，详见第十七章）。例如，如果你想了解你的用户是谁，你可能需要从一个调查着手，收集和分析关于他们的各种信息。调查结束后，你可以通过面谈更加深入地了解你的用户，特别是他们的想法和行为。

第一步是确定当前的用户研究的需求。图5.1给大家列出了一些想法对照表中的指引，你可以进行拓展，比如：你的工作场景是什么？如果所描述的场景中没有一个与你所在的场景相匹配，那么是否可以找到一种类似的场景？如果你发现有多种场景与你所处场景相似，我还是建议大家一次只关注一个问题，或者几个显著相关的问题。

每个场景都没有一个特定的适用研究方法，这和我们想象的可能有些不一样。这也就意味着可能有多种方法对你的场景都适用。你可能需要通读几个不同的章节，然后再决定哪种方式是最适合你的。你从事的研究越多，做这个决定时就越容易。

你可能同时经历了几个场景，大家可能倾向于选择一种万能的方法来解决所有的问题，我还是规劝大家一般这条路是走不通的。还是

我们有一个对所在行业来说非常新的理念	利益相关者不同意	首席执行官有一个想法……	为什么×××没有什么效果
为什么在×××方面转化非常差	这些分析结果是什么意思	我们应该了解用户	我们的用户是谁
我们的用户是如何使用这些产品的	针对这一问题有许多解决方法……	我们的客户对×××有何看法	我们的客户体验怎么样
我们的电子产品反映了公司架构	我们需要重建	我们需要重新命名品牌	我们需要改变工作方式

图 5.1　你需要关注的方面

需要花费更长时间和更多精力来完成各项不同的研究，但是要注意用户研究并不是一蹴而就的。所以，不要妄想开展一次研究就解决掉诸多令人混乱的问题，就得到那些令人费解的问题的答案以及建议和各个建议带来的影响。

图5.2显示了本书所涵盖的用户研究方法。

对于每个方法，都有一个关于如下问题的概述：

- 该方法适用于哪些场景；
- 该方法不适用于哪些场景；
- 采用此种方法需要做的准备工作；
- 如何使用该方法；
- 主题展示；

可用性测试	内容测试	卡片分类法	调查法
用户访谈	日记研究	信息架构验证	人类学
情景调查	A/B测试	利益相关者研讨会	游击研究

图5.2 我们在此部分要涵盖的研究方法

- 扩展阅读（如果你想了解更多内容）。

本书的第三部分将向大家详细介绍如何分析收集到的数据，这是你需要学习和提高的另一个技能。表5.1将帮助你决定首先了解哪些方法。希望你在表5.1中找到和你的现状相近的场景，这样一来你就能缩小选择范围。

要点笔记

不要单独使用游击测试。这是一种非正规的研究方法。它能够帮助我们快速发现某些问题，但是此方法还是不够严谨，所以不宜单独使用。

如果你公司采用的是敏捷或精益的工作方式，除了人类学和日记研究方法等需要一段研究时间外，大多数方法使用起来期限非常短，比较灵活。

表5.1　方法矩阵

情景	可用性测试	内容测试	卡片分类法	调查法	用户访谈	日记研究	信息架构验证	人类学	情景调查	A/B测试	利益相关者研讨会	游击研究
本行业新的理念					■	■		■	■		■	■
利益相关者不同意	■	■	■	■	■				■	■	■	
首席执行官有一个想法……	■	■	■	■	■				■	■	■	■
为什么×××没有什么效果	■	■	■	■	■		■			■		
为什么在×××方面转化非常差	■	■	■	■			■			■		
我们的用户是谁				■	■			■	■			
我们应该了解用户				■	■	■		■	■			
这些分析结果是什么意思	■	■	■				■				■	
我们的用户是如何使用这些产品的	■				■	■		■	■			■
针对这一问题有许多解决方法……	■	■	■				■			■		■
我们的客户对×××有何看法	■	■			■	■		■	■			■
我们的客户体验怎么样	■	■			■	■		■	■			■
我们需要重建	■	■	■	■	■	■		■	■		■	■
我们需要改变工作方式				■	■	■		■	■		■	
非用户为中心的组织架构		■	■				■					

05
第五章

可用性测试：通过观察获得信息

• 可用性测试是什么

可用性测试（也称用户测试）是一种常用的方法，研究人员通过观察用户使用产品或服务的过程，从而识别其中的问题。可用性测试可以通过不同的方式开展，可以采用定性的，也可以采用非定性的；可以采用干预性的，也可以采用非干预性的。

干预性

远程方式：研究者和用户处于不同的地点，但是通过使用屏幕共享技术进行互动。面对面方式：研究者与用户在某一时间在同一地点进行互动。

非干预性

远程方式：由用户自行选择时间和地点完成研究任务，研究者不加干预。面对面方式：研究者与用户在某一时间在同一地点开展互动，但在用户完成任务之前，研究者不会进行干预，也不会与用户交谈（这是一种最不常见的方法）。

在第二章（规划部分）中，我们需要考虑到各环节开展期间的支持条件。纯粹主义者们可能会告诉你，你唯一需要考虑的是如何最好地彻底解决研究问题。但在现实世界中，这可能不是（唯一的）决定因素，要记住我们要成为一名实用主义者。例如，你可能需要在某一特定日期与一定人数的参与者进行面谈。有些情况下，你的预算会决定你与参与者的会面时间。例如，预算只能支付得起“高价”参与者30分钟的会面时间，这些人包括律师或医生。这就意味着你可能需要调整研究方案以适应当前的条件。最好是对你的研究进行小规模试验，以确保能够在既定的时间内达成最优效果。

• 干预性的可用性测试的基本原理

干预性的可用性测试有什么好处

干预性的可用性测试给了你更多的权益。如果合适的话，主持人可以回答参与者提出的问题，或者标记出参与者遇到的问题，这对于了解正在发生的事情是非常有帮助的。此外，你还可以与参与者进行深入的交谈。通过询问一些跟进问题可以让你了解他们说了什么，做了什么，以及他们是怎么想的。

这可以培养你根据发现结果优化用户研究的能力。此种研究方法可以让你挖掘到许多先前没有考虑过的问题。干预性的环节有时可能会让你突然改变想法。如果有必要，你可以对后续的研究环节进行调整，与其他参与者重新讨论新的话题。这应该谨慎操作：不建议在每次会议结束后更改任务和研究问题，因为这样一来，你的记录将缺乏一致性，但是如果发现有必要修改的话，是可以作出修改的。

此种方式成本较低。此种方式不需要其他特殊设备，你可以坐在用户旁边，在他们说话的时候做笔记。收集位数不多的用户数据大约需要一天的时间，这是获得重要见解的一种方式（尼尔森，2012）。

结果可靠。只要你避免提出带有偏见的问题，你会得到合理的反馈；而且，结果也令人信服。来自客户的反馈可能比你向团队提供反馈的效果更好。让你的团队（以及管理层）的其他成员坐下来一起参与思考环节，这可能不会占用他们太多的时间，但是一种鼓励他们关注可用性的非常有效的方式（尼尔森，2012）。

此方式可以将辅助技术用户加入到可访问性可用性测试过程中。这应该是任何数字开发或改进项目的一部分，并且随着开发的进展迭代完成。如果你要求辅助技术的用户造访你的工作场所或用户研究工作室，你应该明白，你所拥有工具的参数与参与者的设置不同。这意味着你需要给他们留出一定时间，让他们按照自己的需求设置和选择工具。如果条件允许，可以到辅助技术用户熟悉的环境中开展用户研究（可以参考第十三章的情景调查）。

干预性的可用性研究的弊端

这是一种耗时的研究方法。与参与者一起开展用户研究，限定他们在何时何地进行研究有很大难度。因此，如果你的时间日程紧张，而且提前计划对你来说有难度，此种研究方式可能不是你的首要选择。

干预性测试使用的是小样本，所以在统计学上是没有多大意义的。开展用户研究的新手们有时会因为不了解行为和观点之间的差异，而去质疑那些“只来自5个人的样本数据”。对于利益相关者来说，基于5个人的意见就同意进行资金投入是十分不明智的（我们将在第三部分分析和展示你的数据章节中详细讨论此问题）。此种方式有助于我们了解背景和情境。让利益相关者亲自参与观察是非常有用的。有时还需要额外开展一系列研究（如定量研究）来说服从事用户研究的新手们。

如果你想观察“自然”的行为，这种方法不是首选。大多数人不会整日坐在那里自言自语：不断地谈论在做什么和在想什么。参与者通常愿意尽自己最大的努力，很快投入到这项任务中。我要补充的是，大多数人很快就会习惯自言自语，在完成任务期间你可以给出一定的合理的提示帮助他们保持这种状态。

开展此种研究所需的准备工作

可用性测试是最容易实践和学习的一种方法。学习基础知识相对容易，如果你掌握了实践的基本原理，你可以立即开展可用性测试。但要成为一名熟练的实践者确实需要花费一些时间和精力。

结果是会受到方法的影响的，这就是所谓的“观察者效应”。这是物理学中众所周知的现象：观察会改变正在被观察与衡量的行为。你无法回避这样一个事实：对参与者进行观察及与之进行的交谈会改变他们的行为，他们会表现得与你不在场时不同。要意识到，观察者在用户研究干预性方面的经验越少，他或她对用户的影响就可能会越大。随着实践经验的积累，这种影响也会越来越少。但是，它将永远是影响用户研究的一个重要因素，所以不要让缺乏经验成为你顺利完成可用性测试的绊脚石。

案例分析　可用性测试示例

可用性测试是我在做博士研究时自学的第一个用户研究方法。我测试了一些高度互动的软件，这些软件整合了多个地理数据集，以帮助研究生们了解英格兰湖区的特定区域正在发生的环境变化。

因为我已经掌握了关于最佳实践的基础知识，所以我不仅能够使用这种方法来识别软件的可用性问题，还可以找到不同用户组识别得出的各类不同的问题，这是研究生和博士生所要学习的学术知识。这也向大家证实了将相关的用户纳入到研究中是至关重要的。

何时开展干预性的可用性测试

在开发生命周期的任何阶段，包括从最初的纸质原型到最终的运行系统、服务和体验的完全实现，都可以使用可用性测试。如果有条件的话，使用面对面的可用性测试（此种类型永远是我的首选），因为观察面部表情和肢体语言可以帮助你了解真实情况。如果你的参与者来自天南地北，或者是你没有条件去现场拜访他们，他们也没有条件拜访你，远程的适度可用性测试也不失为一个很好的选择。

如何开展干预性的可用性测试

我们在前文中已经讨论过了“可用性测试”的含义。现在让我们概述一下其他相关词的内涵：

- 干预性的：在整个环节开展过程中，你一直与参与者交谈。他们一边和你交谈，一边完成你向他们提供的各项任务。
- 面对面：同一时间，同一个地点发生。

- 远程：你与参与者处于不同的地方。
- 定性研究：这意味着你收集到的信息没有太大的统计学意义。这也意味着你不用计算参与者完成一项任务所需的点击量，也不用计算完成任务所需的时间。

我们已经考虑了做用户测试（或者其他研究）的一些准备工作，比如选定你所要研究（或其他研究）的问题或事项，以及确定参与者人选（以及你将如何激励他们）。你还需要设定用户研究的日期、时间和位置，然后起草体验协议，最后，展开研究！

创建协议或脚本

协议或脚本列出了你想对参与者说明的所有事情，你想要提出的问题，你想让他们做的任务，以及你想要观察的某些事项。各种资源对于这类文档的描述各有不同。这可能只是语义上的差异，但是从术语解析层面来说，也是有细微的差异的。接下来我将向大家分享我的理解。这些理解来自我在Bunnyfoot（www.bunnyfoot.com）经纪公司工作的亲身体会。

“用户测试脚本”是你需要严格遵循并按照所编写的顺序对所有内容进行说明和操作的一种文档。然而，令人困惑的是，“用户测试协议”看起来与脚本完全相同，但使用方式不同。你不需要把事情都按照一定的顺序标记出来，并且按照此顺序来完成每一件事情。在研究过程中，你可能会发现某些问题或任务与某名特定的参与者无关，因此你可能会把它们剔除掉。有时你可能会打乱顺序来完成这些任务，只要效果更好即可。采用此种方式使用此类文档的最大的好处是参与者可以一次性完成两项任务，这样你完成接下来的任务时就更从容了。

是选择使用脚本还是协议完全取决于你，无论使用哪一种方式都是合法的。我个人更倾向于协议这种方式，但是如果你是刚刚涉足可用性测试领域，你可能会对脚本的方式更为青睐，因为脚本的方式可以涵盖你需要的所有东西。如果你选择使用协议的方式，那么在第一页的底部注明免责声明是非常有必要的，这样可以与其他和你一起共事或者一起观察研究的人员共享协议内容。为简单起见，我将统一用协议来代指所有的可用性测试文件。

如何向观察者解释你的协议

基于测试环节的观察结果你还可以对协议进行微调。但是请注意，在测试环节中任务只是一个指引，并不是一成不变的。在测试期间，可以根据观察上一名用户的表现，对即将进行的测试进行调整，否则接下来的测试会毫无意义。因此，任务完成的时间表是灵活的。根据用户的反应对任务进行调整能够让我们获得更为真实的反馈。

协议应该包含的内容

1. 简介以及第二章中谈论的道德和法律问题（5分钟）。

2. 简短的任务前的面谈问题（5分钟）。

3. 用户研究任务。

4. 简短的任务后的面谈问题（5分钟）。

正如这个列表中所建议的那样，你应该留出大约5分钟的时间来进行介绍、任务前和任务后的面谈内容。如果有必要，你可以适当延长时间，但是我一般不会超过10分钟，因为我们还是需要把主要精力放在研究任务方面。

1. 简介以及第二章中谈论的道德和法律问题（5分钟）

在第二章关于道德和法律问题的讨论中，我曾经列举了一个示例，向大家展示了应该如何开展研究环节，如何向参与者解释研究内容，接下来会发生什么事情，一旦这些事情发生后如何进行记录，以及你将如何使用这些数据。向用户提供一系列的背景知识是研究环节开篇的一个重要方法。如果你想撰写面试问题以及研究任务，你可以参考第三章的内容，关于如何提出合适的问题等相关章节。

2. 简短的任务前面谈问题（5分钟）

仅从筛选问卷中你获得的关于参与者的信息是非常有限的（详见第三章关于谁应该参与你的研究等内容）。提出一些简单初级的问题是一个非常好的用以了解参与者并让他们自然放松的好方法，之后可以深入开展任务。这些简单的问题可以聚焦在了解参与者对你所研究的任务或领域方面的相关体验。这将有助于你进一步理解你在接下来访谈过程中所需要做的一些观察：参与者表现出的某种行为方式以及此种表现的原因，他们完成任务的方式，是否出现某些问题，他们又是如何解决这些问题的，等等。

如果你对所在的行业或者你正在研究的领域了解甚少，那么在定夺需要提出哪些问题时是有一定难度的。以下的这些数字化体验问题可以帮助你解决这一问题：

a. 你在家里使用什么设备（台式机、笔记本电脑、平板电脑、智能手机、智能手表、智能电视、游戏机等）?

b. 你在工作过程中使用什么设备（台式机、笔记本电脑、平板电脑、智能手机等）?

c. 以下任务中，你会倾向于通过在线的方式完成哪些任务：开展研究、订票和旅行、打游戏、社交媒体、办理银行业务、购物、通信、阅读、听音乐、看电视、看电影、玩视频博客，或者观看其他视频等?

d. 以下任务中，你不会通过在线的方式完成哪些任务：开展研究、订票和旅行、打游戏、社交媒体、办理银行业务、购物、通信、阅读、听音乐、看电视、看电影、玩视频博客，或者观看其他视频等?

提示c和提示d：你能告诉我为什么你喜欢/不喜欢通过在线的方式来完成这些事情呢?

关于提示的注意事项

你可能已经注意到在上述问题中我们用到了“提示”一词。提示是一系列解释说明及跟进问题，此种方式在研究期间随时可用。这可以帮助你更深入地探究参与者给出的答案。如果参与者们正在为某事愁眉不展，这些提示可以向他们提供一些示例。如果示例是在自然引导的情况下使用，这可能是非常有用的，但是也有可能会将参与者的答案带偏。

你也无法预估你需要在什么时候使用提示，但是随着你的研究工作的开展，你会越来越习惯使用这些提示。在研究过程中将那些始料不及的提示记录下来是非常有用的，因为说不准之后你还能够用到它们。也许它还会提示你在下次设置某项任务时，做必要的调整。

3. 用户研究任务

根据你的研究目标，你可以在用户测试期间设置两种不同类型的研究任务：具体任务和开放式任务。如果你想让你的研究集中在某个具体的问题上，你可以使用特定的任务和问题。例如，为什么遗弃购物车的人的比率会如此高？或者为什么用户会在某一个节点放弃旅行。采用具体任务可以让用户清楚地知道接下来要做什么以及交谈过程的要点。采用具体任务的方式有诸多方便：

- 你可能想要测试某一项特定的特性或者特征，也许是一个新的特征，也许是一个不是那么重要的特征。
- 如果你想知道用户在某个体验中的中途退出点，你可以让用户身临其境，全心体验，然后了解他们中途退出的原因。
- 如果你的产品较为复杂，并且你希望用户学会了初级操作后按照学习曲线展开学习，那么此种情况下，你希望用具体任务来指导用户，并通过这种方式向用户解释场景（例如投资银行、股票等应用程序等）。

你还要注意确保在提出问题时，避免给出具体的反馈或是给出确切的指示。应该让用户研究参与者自己去探索问题的答案。

开放式任务要求你尽可能少地向参与者提供关于如何执行任务的信息和解释，让他们自己找到问题答案或解决方案。如果你正在开发一种新的产品并且正在检测原型，那么你对用户测试的关注点就会较为宽泛，让你感兴趣的是人们如何使用和体验它。此种情况下，你没有必要对参与者的行为作出过于具体的规定。

你还可以使用开放式任务来挖掘大家感兴趣的话题。你在研究刚开始时可能会无从下手，但在随后的测试中就可以不断缩小关注范围。

开放式的任务和问题有助于开展探索性研究，因为你可以观察人们如何使用你的产品或接受服务，而不是由你来制定使用方法以及告知他们可能会遇到的问题。你可能会找到问题所在以及产品或服务给使用者带来的不便和麻烦。然而，放手让用户自己探索，可能会让你发现之前从未意识到的问题。

请记住，开放式任务和探索性研究也需要明确的目标，这在第一部分已经讨论过。开放式任务和具体任务都需要从两个渠道进行设置：（1）预先设定的任务：这些任务你事先已经选定，以确保在研究环节中能够涵盖所有的主题和问题；（2）用户设置的任务：参与者自己选择或者在你的协助下进行选择。在最初的面试阶段，你提出的问题可以帮助你选择任务。例如，你可以询问参与者他们是否曾经使用竞争对手的产品/服务完成过类似的任务。

你可以在一个研究中应用所有的这些任务类型，或者根据研究的重点只使用一种特定类型的任务。协议的主要内容就是任务列表，你需要告知参与者这些任务（如果这些任务是预先设置好的），以便他们能够完成这些任务。如果没有预先设置好任务，还需要在参与者完成任务期间，对任务做记录。

在干预性的可用性测试中使用“自言自语”

自言自语是开展干预性测试时所采用的主要的研究方法。自言自语是指让参与者在完成由你或他们设置的任务时，说出他们在做什么，在想什么，以及他们的感受。

自言自语对于深入了解参与者在完成任务时的心理过程是非常有用的。从积极方面来讲，他们喜欢什么，什么能给他们带来欣喜和惊奇，哪些任务他们不费吹灰之力就可以完成。从消极方面来讲，你可以发现是什么让他们感到困惑，他们不喜欢什么，是什么给他们带来挫败感，以及他们的种种误解。这种方式对识别参与者在哪些方面与你的初衷有较大出入，是非常有效的。了解哪些部分有效，哪些部分无效，对确定在内容、设计和流程中应该作出哪些更改是非常重要的。

你需要记住的是要试着把自言自语和观察结合起来，这在第三章中也已经讨论过。虽然在大多数情况下，人们是诚实可信的，但事实并非总是如此。例如，人们不会总是真实地承认自己的痛点或遇到的难点，或者即使是承认，也会倾向于对之轻描淡写。

当你首次在可用性测试中使用自言自语时，你可能会在参与者停止说话的间歇期间提出一些探索性的问题。但是，一旦这样做，你就有可能会偏离研究的主题，也有可能提出一些有引导性的、带有偏见的问题。这样一来，参与者本来打算告诉你某件事情，他们可能会闭口不谈了。偶尔出现让人尴尬的沉默也是允许的，大多数参与者一般会努力发表一些评论和见解来打破僵局。你也要学会多用“嗯嗯”、“是的”等词来予以肯定，以鼓励参与者继续说下去，而不会误导他们。随着经验的不断积累，你就会掌握说话的时机和火候，因为参与者在表达自己的想法时，也是需要鼓励的，当然你也清楚什么时候该保持缄默。

参与者在遇到困难的时候会向你提出一些问题，这会让你陷入两难的境地：一方面想要减轻参与者的沮丧/焦虑/压力，但另一方面又不想代入个人偏见。如下是一些处理此类情况的技巧，以供大家参考：

- 立即记录下他们的问题，以及他们在任务中所提的问题。
- 在回答问题之前，询问他们如果让他们自己选择，他们会如何去做。这对于观察他们是否能自己解决问题，或者掌握如果你不在场的情况下，他们会何时放弃，是非常有用的。

- 如果这些问题对研究不重要，可以选择不回答这些问题。只是告诉他们继续完成下一步就可以。你可以告诉他们你会在研究结束环节回答这些问题。

- 如果这些问题对研究至关重要，你应该提供帮助。但是请一定记下你提供帮助的内容，以及他们自己无法完成的任务，因为这就是一个严重的可用性问题。

4. 简短的任务后的面谈问题（5分钟）

一旦你完成了既定的任务，或者在时间允许的情况下尽可能多地完成任务，请在研究结束前留出5分钟时间让参与者来回答一些简单的面试问题，这是非常有用的。从中立和开发的角度来说，提出问题时仍继续遵循一直秉承的中立和开放的原则。你可以向他们提出任何问题，但是记住，相较之前提问过的问题，也有一些问题是非常有用的，例如我在下文中建议大家提出的问题。你可以根据你在研究环节中观察到的和听到的内容对这些问题进行调整、添加或删除。只要与研究环节相关就好。

我们需要时刻牢记的一点是参与者在最后环节所发表的意见并不总能准确地反映他们刚刚的体验过程。有时，他们在评论的时候会显得过于积极或消极（这件事本身就非常有意思）。以下是一些任务完成后可以提出的访谈问题，以供大家参考：

- 请你对今天的网站体验做出总体评价。
- 这与你的预期相符吗？有什么让你出乎意料的事情吗？

- ____操作起来容易吗？
- ____整体来说容易让人理解吗？
- 在浏览了网站上现有的内容之后，您还想了解其他内容吗？或者这些内容涵盖得全不全？
- 如果让你改变一个项目，这个项目是什么？
- 你还有其他的补充吗？

建议以感谢致辞结束研究过程，例如“非常感谢您的参与。这将对我们改进×有很大的帮助，会大大提高它的可用性”。如果还有跟进环节，现在是时候提醒他们进入下一个环节，当然也应该向参与者支付报酬了（如果有报酬的话）。

测试后手抄

在研究环节间隙，如果你有时间，趁着你对研究过程还记忆犹新的时候，记录下最为重要的事情。你可以使用以下标题：

参与者姓名/数量

任务名称

已经完成的任务/部分完成的任务/失败的任务

前三件事情

三件最积极的事情

有用的引证

远程测试注意事项

干预性的远程测试与面对面的可用性测试的开展方式在起草协议

方面是大体一致的。远程和面对面的可用性测试的主要区别在于是否使用让处于不同地点的人相互交流的技术，所以在远程测试中你需要设置更多的提示和问题，因为你无法像在面对面测试中那样观察到参与者的肢体语言和面部表情。应记住在远程测试中，因为你和参与者都需要设置和登录使用的在线工具，所以在设置研究时长时要比面对面测试长一些。其他的规则对于远程测试和面对面测试均适用。如果在研究过程中，还有其他人参与观察，你需要把这一点告知参与者。

干预性的可用性测试所需工具

设备清单

- 协议（一份或者向每位参与者发放一份）。
- 能够做笔记的本、纸等。
- 具有数字功能的设备（台式机或笔记本电脑，平板电脑，智能手机等）。如果是移动设备，为参与者多预备几个设备是非常有必要的，因为移动设备的操作系统有时会完全不同（例如，苹果系统和安卓系统）。让参与者选择他们熟悉的设备是非常有必要的，以防得不到真实的结果。

注意：我倾向于将我的笔记标注在协议上相关的任务或问题旁边，这样我会为每一位参与者分别准备一份协议，做记录，留作己用。给其他人复印一份协议，以便他们在纸上或者手提电脑上做记录。

可选项

- 额外增加一个同步屏幕，可以查看参与者使用的设备情况，这样你就不用时不时地盯着参与者的屏幕看了。

- 记录会话的设备（如果不是在传统计算机上记录的话，可以用录像设备）。如果你在台式机或笔记本电脑上操作，你可以使用录屏软件，也可以使用专门用来记录和编辑可用性测试会话的软件，如来自TechSmith（https://www.techsmith.com）的专业软件Morae和Camtasia。
- 如果在移动设备上进行测试，则需要具备各种可供使用的网络摄像机。

眼动追踪设备相对来说造价较高，但是一般情况下，专业实验室都会配备此设备。它可能对你的用户研究有用，但这并不是必要的。眼动追踪设备对于观察很有用，因为它能让你看到参与者在看什么，他们关注什么，他们忽略了什么。如果你有机会使用这个设备，是非常值得好好研究一下的。

远程测试工具

截至落笔时，视频会议和屏幕共享等工具尚是免费的，且使用起来也非常方便。你的组织可能有专门用于远程测试的工具，但是在使用时，应考虑到你的参与者是否能够轻松使用这些工具以及这些工具是否存在技术局限性。

根据你要测试的产品/服务的特性，使用这些工具的方法也各有不同。例如，如果你要测试的是一个实时网站，那就可以邀请参与者访问该网站并与你共享屏幕。这是远程测试中最快速、最简单的一种方式。如果测试的对象是服务器上的原型，那么你需要先登录电脑上的原型，然后让参与者操作你的屏幕，这样就可以实现互动。有时参与者在操作时可能会有一些延迟，但一般情况下这是可以允许的。在这种情况下，你可能要与IT部门商讨访问权限。

远程测试的示例

我曾经参与过一个时间非常紧张的项目——为教师寻找教育软件资源。我需要在短短几天时间内完成测试，并且还是在学期期间完成。这就意味着一些参与者（老师）需要在学校利用午休以及课间休息间歇参加干预性的远程可用性测试。我必须确保在开展研究的前一天，老师们在电脑上下载好软件（远程测试工具），让他们顺利参加研究。

接下来为大家介绍一些免费（或可以免费试用）的视频会议和屏幕共享工具，分别为：https://www.join.me/，www.gotomeeting.com，http://www.screenleap.com/和www.skype.com。这些工具可供大家选择，并且这些工具一直在升级。找到一款可以让你和参与者共享屏幕控制的工具，这样你和他们可以通过屏幕进行互动（如果条件允许的话）。

• 非干预性的可用性测试的基本原理

什么是非干预性的可用性测试

非干预性的可用性测试是指参与者在协调人不在场或非干预的情况下，完成特定的、既定的任务，此种测试的对象主要是数字化项目。与干预性测试一样，非干预性的测试既可以采用面对面的方式，也可以用远程方式完成。

非干预性的可用性测试的优点是什么

在远程非干预性的可用性测试中，参与者可以在任意时间、任意地点，在任意设备上完成研究任务，从而使你和参与者都有较大的灵活性。有些人认为这种测试方式比干预性的可用性测试更真实、更公正（左巴，2017）。虽说自言自语及提出问题确实会对完成任务的方式产生一定的影响，但是与可以获得更深入的定量数据相比，这些影响也就微不足道了。当然，选择采用哪种方式，还要依据研究目的而定。

仅通过观察的方式，非干预性的可用性测试在理解参与者如何真实地完成任务方面是非常有效的。你在参与者执行任务过程中，不得与之交谈或者询问他们关于他们在做什么或为什么这么做等问题。这在如下的情形中的确是一种非常有用的方式：

- **你需要大样本数据。**从设计的角度来看，面对面可用性测试收集到的小样本数据足以了解用户行为。但是，让利益相关者依此做决策，难免会让许多人颇有微词。提供大样本研究数据可能比试图说服其他人相信小样本数据得到的结论要来得简单（我们将在后文中讨论如何增强利益相关者的信任）。

- **难以找到参与者。**他们可能地处五湖四海或者因为时间紧张，或者是其他原因，参与者难以与你进行会面。采用此种方式，一方面研究得以正常进行，另一方面花费成本也不高。

- **时间紧张的情况。**例如，若你是在敏捷环境中工作，我们都知道在时间紧迫或进度落后的项目中工作是什么样子的——快速完成研究可能是唯一的选择，而一项非干预性的研究恰恰可以在几天内完成。然而，不应该将非干预性研究作为迭代测试的唯一方法，在工作计划中还可以使用多种不同类型的研究。

- **有些研究需要在特定的场景下完成。**有些产品/服务的使用环境是无法在实验室/办公室中复制的。例如，用于户外定向训练的应用程序或急救医务人员提供的服务。

- **预算有限的情况下。** 远程非干预性测试不需要预定地点，使用的工具所花费的成本也是可控的，所以在资金筹备方面也非常灵活。

非干预性的可用性测试的缺点

与其他所有的方法一样，非干预性的可用性测试有一定的局限性：

- **你能招募到合适的人选吗？** 既然选择了非干预性的可用性测试，就意味着你将那些不擅长使用电脑和互联网，或者不熟悉数码设备的参与者排除在外。在选择测试方式时，需要考虑到参与者的范围。此外，非干预性测试中不可避免地会混入一些只看重报酬的参与者。
- **缺乏更深层次的交谈。** 虽然你可以向用户提供开放式问题列表，但你无法从协调人和参与者之间的对话中获得深入的见解。
- **你很难控制局面。** 因为什么时候完成任务完全由用户研究参与者自主决定，所以参与者可能会不遵照你的计划行事，提前进入下一个任务。

开展此类研究需要做的准备工作

与干预性的可用性测试一样，你可以非常快地掌握非干预性测试的基本理论知识。最重要的是要记住实践才能出真知，要不然，开展大部分类型的非干预性测试是轻而易举的事情了。如果你采用的是远程测试的方式，根据你测试的内容以及选择的工具，你还需要一些技术支持，以保证研究的顺利开展。提前将此告知技术人员是一个好主意（如果你个人不是技术人员的话）。

何时使用非干预性的可用性测试

在定量数据至关重要，需要大量参与者参与研究的情况下，使用远程非干预性的可用性测试是再好不过的了。无论是在远程还是面对面的可用性测试中，参与者的行为都应以某种方式跟踪/记录下来，以便日后开展分析。

如何开展非干预性的可用性测试

开展高质量的非干预性的可用性测试需要从最初的设置开始，首先应该考虑的是形式，形式既可能是低性能的，也可能是高性能的：

- **数字/纸质原型：**你画在纸上的设计图或者是没有内置功能的简单线框图（数字草图）。
- **低性能原型：**只是带有一些简单功能的黑白线框图（例如，一些按钮是可点击的，当你按下它们时，会发生一些操作）。
- **高性能原型：**交互式的线框图，图中进行了视觉设计。它们看起来像极了一个美化过的网站。
- **现场测试环境：**一个网站的工作版本，可能还没有完工或者尚未公开发行使用。
- 现场公开网站。
- 其他相关事物，包括在面对面非干预性测试中使用的实物。

根据需要选择非干预性测试类型

决定好你想要记录的观察结果。对于远程测试来说，这可能会影响你选择的工具类型（例如，是否允许参与者添加定性注释的工具）。在面对面的测试中，这将会帮助你向各位观察员作出说明。你还需要确定做记录的各项指标：

- 任务完成率；
- 完成任务的时长；
- 页面停留的时长；
- 每项任务的点击数；
- 网站分析数据（如浏览器、操作系统、屏幕分辨率、设备）。

撰写非干预性测试协议

开场白：在参与者开始做任务之前，先让他们阅读协议并同意协议内容。协议会向他们说明接下来开展的任务（任务内容及时长）、任务主题、获得的数据以及处理数据的方式、数据保存的时长。你还可以在开场白之后向参与者提出一些问题，但是一定要在正式任务开始之前提问。

设置任务。你应该事先好好设计任务。因为没有协调人，所以设计的任务应力求简洁，易于执行。避免在一个问题中设置两项任务，这可能会给参与者带来困惑。让参与者每次完成一项任务是非常重要的。

进行先导测试。这样可以获得研究者完成你事先设计的任务需要花费的平均时长。我认为对非干预性的测试来说，将测试时长控制在较短时间（30分钟以内）内完成，效果会更好，因为此种测试结果依赖于参与者的自制力。

任务/测试后问题：当所有任务或测试都完成后，你可以在每个任务之后或者每一段会话结束后向参与者提出一些问题。在完成每一项任务后，你可以询问参与者他们对任务完成的满意度。有多种方法可以用来测量这些指标，例如净推荐值（Net promote Score），这是一种付费的跟踪客户体验的解决方案（Satmetrix系统，2017）。还有系统可用性量表（系统可用性量表SUS；Usability.gov，2017）。系统可用性量表要求参与者对以下10个项目打分（参见托马斯，2015），当然你还可以使用任何相关问题：

1. 我认为我会经常使用这个系统。

2. 我觉得这个系统没必要这么复杂。

3. 我认为这个系统使用起来非常方便。

4. 我得在技术人员的帮助下才能使用此系统。

5. 我发现这个系统把各种功能集成得非常好。

6. 我认为这个系统有太多的前后不一致的地方。

7. 我猜想大多数人会很快学会使用这个系统。

8. 我发现这个系统使用起来相当麻烦。

9. 我觉得这个系统使用起来非常方便。

10. 在开始使用这个系统之前，我需要学习很多东西。

我建议使用一个明确的量表来进行测度，例如：

强烈同意

同意

既不同意也不反对

反对

强烈反对

当参与者完成任务时，向他们提出一些封闭性的问题，让他们从中选择相关的答案，而不是要求他们输入答案回答一个开放式的问题（这对参与者和你来说难度会更大，也需要花费更长的时间来分析结果）。有时候可以破例：如果你想获知参与者对某事的理解，你可能需要提出开放式问题，留出空白文本框，以便参与者填写他们所理解的内容。

你可以让参与者在事后完成一项调查，但研究表明，人们很难准确地回忆起过去的行为。一些远程的非干预性的测试工具的确可以实现让参与者在完成任务时做笔记和注释的功能。这与主持人向参与者提出问题（观察者效应）一样，参与者一边完成任务一边做笔记，在一定程度上会干扰自然过程。采取什么样的方式来完成你的研究取决于你的目标，每一种方法都各有利弊。你需要在以下两个方面做出取舍：是想要精确的观察结果（允许参与者在完成任务的同时做笔记或者录下他们自言自语的声音），还是想要真实自然的任务完成过程（如果你想了解参与者的想法，可以在任务结束后进行调查）。

感谢致辞

这可以作为远程研究结束前的最后一个页面，也可以作为后续电子邮件的内容，这取决于你使用的研究工具。如果是面对面测试，你可以在研究结束时直接向参与者发表感谢致辞。你可以写一份简短的感谢致辞来表达你对他们参与研究的感激之情，就接下来发生的事情向他们提供友情提示，并告诉他们你的联系方式。

面对面的非干预性可用性测试注意事项

在面对面非干预性研究中，参与者被单独留在研究实验室（或者你开展测试的地方），完成一系列的任务。你可以选择在别处或者坐在参与者旁边进行观察。是否要求参与者自言自语，还是取决于你的研究目标。此种方式不寻常，使用的频次也少，但是还是值得考虑，因为参与者在与你的产品或服务发生互动时，与干预性测试相比，这种方式下参与者的行为更为自然。尽管如果测试场所不是在参与者家里或者其工作场所中，这也不能算作是最为自然的场景。

如果你的测试地点是在一个研究实验室中，你可以使用眼动追踪技术来帮助你完成观察过程。非干预性测试下使用眼动追踪技术可以帮助你解决如下问题：

- 参与者注意到××了吗?
- 参与者能够使用××吗?
- 页面上有××对参与者的认知负荷是多少？××给参与者的导航体验增加了难度还是减轻了负担?（理查森，2014）

由于你可以与参与者直接接触，所以在任务完成后，你有机会询问他们的体验情况。如下几种方法可以帮助你做到这一点：

- **在线调查或纸质调查**：在每项任务之后，参与者回答几个问题。这不会对任务的完成造成太大的干扰，但同时你也不会获得更深刻的答案。
- **简短的面试**：向参与者提出几个问题/让参与者对其体验情况做简短的讨论。所得到的结果是否准确依赖于参与者是否能够准确地回忆起他们的行为以及对体验的感受。
- **后体验眼动跟踪协议（PEEP）**：在这种情况下，你和参与者一起观看参与者完成任务的视频。你可以在某个时间点暂停视频，询问他们在那个特定点上正在做什么或者正在想什么。这种方法可谓是一种劳动密集型的方法，因为观察者/协调人需要精确地记录他们想要询问参与者的内容。你在多项任务中都采用此方式，如果研究环节中的任务量不多时，会对研究环节的开展产生不利的影响。这种方法的主要好处是你摆脱了对参与者回忆和记忆的依赖，能够对他们的体验情况展开更为准确和深入的探讨（鲍尔等，2006）。

面对面非干预性的用户研究

我曾经使用过面对面非干预性的可用性测试来观察参与者如何寻找在线指导和资源来支持他们在敏捷工作环境中的工作。根据他们对敏捷工作方式和敏捷术语的了解，很容易看出他们如何完成或者没有完成任务。如果获知他们对指南中使用的术语不理解，那么就可以非常好地理解他们之所以坚持不懈，或者放弃，通过其他渠道寻找他们想要的东西的缘由了。结合其他用户研究方法，可以判定是在什么时候使用了过多的术语。它还能让我们深入了解什么样的语言既能帮助那些刚接触敏捷工作方式的人，又能帮助那些精通敏捷方式的人，这可是一个非常难拿捏的问题。

用于非干预性的远程可用性测试的工具

根据你现有的资源进行你想要开展的测试，需要找到一个工具。根据你的要求，大多数工具都可以进行现场演示，或者在你决定此工具是否适合你之前能够免费试用。如下这些工具可供选择：

Loop1:http://www.loop11.com/

Usertesting.com：http://:www.usertest.com

UserZoom: http://www.userzoom.com/

WhatUsersDo: http://whatusersdo.com/

Zurb: http://zurb.com/

Lookback: https://lookback.io/

• 可用性测试总结

干预性与非干预性并不是对立的

干预性和非干预性测试是可以互补的：你可以同时使用这两种类型的研究。例如，你在对原型进行测试时可以采用干预性测试，用于解决主要的可用性问题；在开发周期中，可以采用非干预性测试对现场的运行进行评估。如果条件允许，这两种类型的研究都可以开展，以确保结果的真实性。

增强小样本数据说服力

如果你已经做过研究或者积累了一些用户研究的经验，那么你对于利益相关者对小样本数据抵制或不信任的情况就见怪不怪了，他们相信的是非干预性的用户测试和用户研究中用的大样本数据。加强利益相关者对定性用户测试的理解有助于增强他们对研究结果的信任，也能够增强对接下来所做的决策的信心。

莱伊竭尔特（2014）主张，如果你采用的是定性设计研究，就不应该对样本量或统计意义进行质疑。唯一重要的事情是你的团队成员们对其作出的决策是否有信心。

莱伊竭尔特（2014）建议，所有参与决策的人员都应该定期观察用户研究。这对于公务缠身的利益相关者们来说，是非常困难的，但可以采用视频回放的方式来弥补。一旦你开始做用户研究，你就会忙于处理你所学到的所有东西，你就没有时间去担心统计数据了。你会知道哪些是没有用的，哪些是有用的，你也会明白哪些内容你需要花费更多的时间去学习。

06
第六章

内容测试：
用户如何理解用户研究内容

• 如何理解内容测试

内容测试是一种专门的可用性测试，它关注的是目标受众对测试内容的适用性和可理解性。内容测试可以作为用户测试的一部分，也可以单独使用。

• 好的内容是什么

我对内容测试的理解源于“政府数字服务”的博客内容。好的数字内容是清晰的、易操作的，且阅读者可以较快地找到他们想要的东西。如果内容好，我们一眼就能找到；如果内容不好，我们会有一种挫败感。好的内容需要很大的努力才能创建出来，如果内容做得好的话，会有助于赢得用户的信任，同时也能够帮助规避组织和用户犯错误的风险。

• 内容测试适用于哪些领域

内容的形式多种多样——图像、视频、信息图、各种艺术形式，以及文本等。我这里所讨论的研究方法主要聚焦在文字内容上，但是也可以转化为其他的形式，因为这些方法的主要目的是了解人们所看到的，他们使用的语言，以及他们应对行为导向或任务导向的内容。找到合适的方法来测试我们的内容，有助于我们改进和创建最佳的实践模式。内容测试是理解用户组可访问性和包容性的一个较好的方法（参见第三章）。

• 内容测试不适用于哪些领域

如果你想研究内容带来的影响及情绪波动，那么你可以借鉴市场研究工具，这将更为有效。

• 开展此类研究所需要做的准备工作

与可用性测试一样，这些方法学习和操作起来都相对容易。你可以先学习开展测试的基础知识，学习如何了解用户的想法及语言，然后就可以开展可用性测试了。但是，无论你是专注于内容还是想扩大可用性，要想成为一名优秀的协调人，需要花费一定的时间和精力。如果你想比较几个版本的数字内容，你可能需要开展多元测试，这需要技术人员和所在组织给予一定的支持。

• 何时使用内容测试

在开发周期之初就尽快开展内容研究。特别是进行数字化开发时，一旦技术成形且稳定后，内容就成为接下来需要考虑的首要事情。因为内容的创建需要花费大量的时间和精力，内容创建的过程需要尽早开展，并进行迭代测试。如果根据实际情况你无法做到这一点，那么就争取在内容初稿形成后，立刻着手开展内容测试。

• 如何测试内容的有效性

你不需要即刻开展过多的内容测试工作，尤其是在内容创建过程的初期阶段。然而，在使用场景中开展内容测试，能够真正理解其有效性，这对于迭代研究来说是非常有效的。不管采用哪种用户研究的方式，一定与目标用户一起来开展测试。可供你们选择的测试方法有很多。

在你开始研究之前

不管你采取何种形式的内容测试，在做准备工作时，应先核查一下书面内容，以预估出参与者的年龄段。现在有很多在线资源可以帮助你做到这一点，例如，海明威APP（http://www.hemingwayapp.com）就能够帮你识别出冗长、复杂的句子，常见的错误以及被动句，这样你可以在把内容呈现给参与者之前，重新调整你撰写的内容。

理解力测试

理解力测试包括诸如询问内容中包含的某些单词的含义之类的开放式问题。内容中可能使用了一些不为人熟知的法律或技术词汇或短语，或者提出的问题不容易被用户理解。你没有必要等到定稿后或者制成一张精心设计的传单来测试用户研究参与者的理解力。你可以把单词、短语和问题打印出来，让用户读出来，并让他们告诉你它们的意思。

提出一些开放式的问题是非常有效的，例如“这对你意味着什么？”你也可以使用开放式的、任务导向的内容测试问题，判断参与者是否理解了内容，以及基于他们所阅读的内容，他们对结果或接下来工作的期望。他们能根据自己的理解采取行动吗？例如，“你如何使用这个网站注册×××？”“根据你在文件中读到的内容，能不能不参照文件或不重新阅读文件，向我解释一下×××？”

这种方法适用于创建满足不同认知需求和能力水平的内容。由于没有既定的正确答案，此类测试可以消除用户在测试过程中产生的“我是在接受一项测试”的顾虑，可以降低压力和焦虑水平。

完形测试

完形测试可以作为专注于阅读理解的研究方法。参与者阅读一篇文本，文本中的某些单词被删除掉了，需要参与者填空将内容补充完整。在设计测试的时候，你可以参照某个公式来删除单词（例如，每隔5个单词），或者你可以选择性地删除（例如，关键字）。

你可以只接受准确的答案，也可以认可同义词。让尽可能多的读者参与进来，可以获得更高的准确性。你可以设定接受规则：只要保证75%的准确率，测试结果就被认定是成功的，无需再进行重新设计。如果低于这个标准，就需要进行反复的内容设计及测试。研究结果发现，每个人都倾向于使用简单的语言来表达。此种理解力测试对于那些无法避免使用一定数量的“行话”和技术术语的情况是非常适用的。

选择最适合你的理解力测试的方式取决于你所做的测试内容以及研究内容，以及参与研究的用户。我给出的最好的建议是：如果你实在拿不准采取哪种形式的理解力测试，那么就开展一些预测试，看一下哪种方式最能有效地反映出参与者的想法，以及哪种方式可以给你提供最有利的信息。

让测试者自己组织语言

如果你让测试者使用自己的语言来和你分享他们的感受，那么就可以将这种语言直接用在你的内容表述中。

你还可以使用这种研究方法来深入了解用户组使用的语言、语言之间的差异，以及如何将这些结论与你的组织要求相匹配。这有助于了解你的用户，并逐渐找到用来支持不同用户组需求的语言类型。

A/B测试（比较）

此种测试对两个（或更多）版本的内容进行比较，以查看哪个版本的性能更好（我们将在第十四章更深入地探讨数字产品和服务）。同时这也是一种考察用户研究参与者与内容之间关系的非常有效的方法。你可以向参与者展示每个版本（确保不断调整展示的顺序，这样可以有效地避免误导），或者你可以在现实生活中进行测试，为不同的用户提供各个版本的数码产品/服务，来决定你需要做的事情中哪些是最为有效的。

标记出重点内容

此技术的技术含量不高：你所需要做的是给每位参与者打印出内容，当然也要给自己打印一份，以及准备多支高亮笔。首先让参与者阅读打印出来的内容，并告知他们用绿色标记出让他们信心十足的内容，用红色标记出让他们有挫败感的内容。待他们完成后，交给你，你在你的复印件上标记出他们所做的标记。以此类推，当所有参与者的标记都复制到你的复印件上之后，你就可以清楚地看到他们对此篇内容的读后感。深绿色部分内容让大家感到信心十足，深红色部分内容让大家感觉不好。

这项技术既快捷又简单。这让你的团队能够立即得到用户研究参与者对他们所写内容的反馈。你可以学习使用如何用一种更清晰、更简单的方式来描述你的产品/服务，并作出能让你的用户受益的内容选择。你也可以要求用户根据信任、虚构或其他问题对单词、短语和问题进行排序。

游击内容测试

如果你无法接触到参与者，可以考虑利用相关的活动和会议展开研究，这些都可以作为你用来测试“附加”内容的机会。你可以在第十六章和颇劳曼（2015）的作品中阅读到更多关于此测试的内容。

07
第七章

卡片分类：
了解用户如何对事物进行分类和关联

• 卡片分类是什么

卡片分类是一种通过让用户研究参与者将相互关联项进行分组，来理解用户研究参与者如何思考以及关联事物的方法。

• 卡片分类适用于哪些场景

这种方法在设计或改造网站架构时非常有效。例如，应该将密切相关的信息组合在一起并赋予一个标签。网站架构，也被称为“信息架构”，它能把事情简单化：不仅体现在导航的位置方面，还体现在给它们命名的方式。

卡片分类并不一定必须关注内容及网站分类。它能让你洞察参与者的思维模式（我们将在第三部分分析和呈现数据中进一步讨论）以及他们是如何思考并将事物关联在一起的。卡片分类可以为内容的结构化打下良好的基础，并能对架构进行迭代改进，这可以用来剔除架构中某些无用的部分，也适用于在架构中添加新内容。

• 卡片分类不适用于哪些场景

卡片分类主要关注内容。如果它是在不考虑任务的情况下单独使用，这种方法可能会产生一个无法使用的信息架构，用户无法在真实环境下完成任务。为了满足用户的需要，应该将卡片分类法与其他方法结合起来使用，如原型或纸质可用性测试。

卡片分类法是非常耗时的，当然这取决于所排序的内容及参与者数量的多少。对收集到的数据进行分析也比较困难，且耗时，但是有些工具可以帮助你解决这个问题。

• 何时使用卡片分类

卡片分类可以在产品、服务或体验的生命周期中的任何时候使用。根据所在生命周期中的位置以及你的目标，你可以采用不同的卡片分类方法。以下四种方法供大家参考：

1. 开放式卡片分类：参与者对各项目进行分组，并根据自己的喜好对每一组进行命名。

2. 封闭式卡片分类：研究人员预先确定组的名称，要求参与者将各项内容放入他们认为最相关的分组中。

3. 混合式卡片分类：这是将以上两种方式——开放式卡片分类和封闭式卡片分类相结合的分类方式。你可以事先对一些组进行分类，让参与者在你分类的基础上再进行添加。

4. 迭代式卡片分类：此种方法既可以用在开放式卡片分类中，也可以用在封闭式卡片分类中。在使用的时候，后来的参与者可以对先前参与者进行的分组重新调整。

何时使用开放式卡片分类

开放式卡片分类方式是极具探索性的。如果你对感兴趣的事物如何分类尚没有思路，那就可以采用开放式卡片分类。这将会非常有用，例如，如果：

- 你正在从头开始构建新事物。
- 分析结果及其他收集到的结果表明，当前的分类方式无效。
- 在某些方面已经有了显著的变化，这也就意味着当前的架构已经不再适用了。

何时使用封闭式卡片分类

封闭式卡片分类用于确认事先存在的架构对所有用户群体的适用情况。使用此种分类方法时你可能对如何构造事物有了较好的规划（因为你已经收集了一些分析结果和建议，也可能就这些分组如何排列组合开展过开放式卡片分类调查）。

何时使用混合式卡片分类

如果你在查看一个网站的架构，结果显示架构中的某些部分是有效的，然而也有一部分是无效的。你可能会格外关注这些无效的部分，但也可能想对网站的架构有一个整体的把握，这样可以全面思考问题。

一种情况是，你可以将你非常有把握的类别事先定义出来，让参与者来命名那些你把握不好的类别。另一种情况是，你准备添加新的内容、产品或服务：这样你可以把现有的架构预先设置好，然后再将新的项目添加到不同的类别中。

何时使用迭代式卡片分类

有两种类型的迭代测试可供大家选择。第一种是多次迭代卡片分类法：这适用于开展多轮研究的情况，你可以将整个研究过程分解为多个可管理的模块，或者如果你有多个用户组时，可以与每个组单独开展研究项目。此种类型的迭代测试一直备受推崇：因为一次卡片分类项目不可能反映出你想知道的所有问题，并且通常情况下你需要将开放式卡片分类和封闭式卡片分类结合起来使用。

第二种类型是单次迭代卡片分类法：这种类型的分类方式只有在你的日程安排非常紧张的情况下使用。后来的参与者对先前参与者作出的决定进行重新调整，其实这很大程度上是一种分析过程。你没有必要核定单次迭代卡片的类型，但是你应该意识到一个问题，你可以让参与者独立去完成，也可以使用迭代的方法让他们在原有结构上进行改进，这两种方式得到的结果可能有较大差异。这并不能说孰好孰坏，你需要记住的是它们会产生不同的结果。

• 开展此项研究所需要做的准备工作

所有的研究人员都可以开展卡片分类活动：简单的卡片分类方式组织和运行起来会容易得多。然而，要想成为娴熟的复杂化的卡片分类协调人，是需要花费一定的时间和精力的。无论是低技术含量的（卡片/纸）还是高科技（在线工具）的材料设备，从成本角度来讲都不高。

开展卡片分类项目所需的时间和精力取决于你所做的卡片分类活动的类型。一方面，在面对面的卡片分类活动中，时间和资源是非常重要的；另一方面，如果你已经联系好了参与者，远程的非干预性的卡片分类活动开展和管理起来会更便捷。

• 如何开展卡片分类

干预性的卡片分类

面对面：研究人员和参与者在同一时间在同一个房间里相互交流。各个条目被写在卡片上，参与者一边手动将这些卡片进行分类，一边同研究人员谈论他们对各个条目的想法和看法。远程：研究人员和参与者身处不同的地方，他们借助屏幕共享技术以及诸如最佳分类（OptimalSort，网址：www.optimalworkshop.com）等工具来完成虚拟的卡片分类。你还可以借助电子表格进行虚拟/远程分类。

非干预性的卡片分类

面对面：研究人员和用户在同一个房间里，但是研究人员不会在参与者对物品进行分组时与之进行交谈或进行干预。远程：当参与者在他们自己选择的时间和地点进行卡片分类时，研究人员不会参与其中，当然这也需要使用最佳分类（OptimalSort）之类的工具。

准备好你的卡片

面对面干预性的卡片分类有两种选择方案：

方案1：在卡片的正面写上项目的名称。如果你不想把描述印在卡片上，那就需要将各个条目的描述另外打印出来，在回答参与者提出的问题时留作参阅。不提前将这些描述信息分享给参与者的一个较大的弊端是他们会提出许多关于卡片上各个条目含义的问题。

方案2：在卡片的正面写上条目名称，背面写明描述。将描述印在卡片上，这将意味着参与者可以随时查阅来确定他们对各项目的理解是否与你的理解一致。这也将避免因对项目的误解而产生的分类不一致的现象。你可以借用探索性的问题来获知参与者翻看背面描述的原因。是什么导致了他们犹豫不决？是他们对分类不确定吗？还是他们在理解上出现了偏差？这些将会帮助你更加深入地了解问题，得知哪些标签需要重新调整。

方法本身无对错。所采用的方法更多的是关乎所需的准备时间，以及你在整个调节过程的体验。无论你采用的是方案1还是方案2，这期间最为重要的是组织需要对每个条目的内容有一个共同的理解，以便与参与者的理解相比较，以确定异同点。

是否重命名

如果参与者无法理解这些项目，或者参与者有更好的描述方式，你是否允许他们对卡片/条目进行重命名。这有时是你在面对面测试中需要考虑的问题，因为你可以额外提供文具来让他们完成这件事。在远程测试中，你可以记录下参与者对更改分类名称的评论，但是一般情况下远程卡片分类方法中所借用的软件是不允许重命名的，当然，电子表格除外。

如何选择你的卡片

选择测试内容

首先要做的是确定一个主题列表。这些内容的来源很广，可以是现有的或潜在的在线内容，对过程、应用程序和功能的描述。也可以包括能够让你创建工作结构的规划。这种架构可能适用于当下，也可以在某种层面上为将来做打算。

确保内容范畴一致

无论你决定测试什么主题，你都需要确保这些主题都处于相同的级别。例如，如果你的大部分卡片内容都是针对单张网页开展的，那么就需要把描述整个网站的卡片删除掉，以确保所有的卡片内容都是关于单张网页的。网站的其他级别的内容（例如，各分节内容）可以采用另一套卡片进行分类，否则就会因为内容范畴不一致，给参与者的分类过程徒增烦恼。

你所选择的卡片排序应该能够代表你所从事的研究，整体也好，部分也罢。你需要向参与者提供足够的且相似的内容供其分类，但是你也要注意各条目的区分和差异，否则这些模式和趋势是很难被参与者辨识出的。

你应该准备多少张卡片

一般认为30到100张卡片为宜。如果卡片数量少于30，那么就有可能出现没有足够的条目供参与者进行分类的情况；反之，对超过100张卡片进行分类，对参与者来说是一件耗时且让人疲惫的事情。我建议你考虑一下分类卡片的内容的复杂性：主题越复杂，使用的卡片就越少，因为对此种类型的卡片进行分类需要较高的认知负荷。

你应该招募多少参与者

一组用户对你提供的产品或服务的所有方面都感兴趣，这种情况是非常罕见的。通常情况下，他们会对一两个特别的产品或服务感兴趣，当然或许还对另外几个产品或服务也感兴趣（前提是我们足够幸运）。你可以让每个人对每个事项进行分类，但是要求参与者对他们不了解或不感兴趣的事情进行分类，会导致结果的不准确和不一致。

参与者数量速记：与可用性测试一样，每个分类组中的参与者人数要达到5人以上。

案例　卡片分类示例

根据我的个人经验，安排每个人对所有事情进行分类并不一定是个好主意。以我为英国议会开展的一个用户研究（是对其内联网开展的一个定性的面对面的开放式卡片分类研究）为例，向大家进行说明。英国议会可以分为三个较高级别的群体：

第一组：以下议院为中心（主要掌管下议院成员的各项事务）。

第二组：以上议院为中心（主要掌管上议院成员的各项事务）。

第三组：两院制（既为上议院工作，也为下议院工作）。

第一组的参与者主要专注于与下议院相关的内容，对上议院相关的内容置若罔闻，他们对两院制的内容多少也会有点兴趣。第二组的参与者恰恰相反，只有你问及与上议院或者两院制相关的内容时，他们的回答才是有效的。第三组的人在两院制方面积累了很多的知识，但是不能想当然地认为他们对上议院和下议院的工作感兴趣。有些人对其感兴趣，有些人却一点也不感兴趣。你只能通过与他们交谈，才能确定他们感兴趣的领域。

如果你想开展定量测试，我的建议是参与者人数要超过100。如果你的时间和资源不充足，是可以通过非干预性的远程测试来完成的。

干预性的面对面及远程卡片分类

干预性的面对面卡片分类方式灵活性最大，无论你想采用何种类型的（定性的）卡片分类：开放式、封闭式、迭代式或混合式，你都需要撰写一份简短的协议以说明你想要讨论的话题以及你想提出的问题。此协议没有必要像可用性测试协议那样面面俱到（参见第五章内容），但是作为一种指南，它可以让每个研究会话保持相对一致。从这个角度来讲，这是非常方便的。

该协议应包含以下内容：

1. 我们在第二章中谈到的简介和道德/法律问题（5分钟）。
2. 简短的开展任务前的面谈问题（5分钟）。
3. 对卡片分类的提示提醒。
4. 简短的任务完成后的面谈问题（5分钟）。

1. 我们在第二章中谈到的简介和道德/法律问题

在第一部分中，我向大家介绍了如何在研究开始阶段向参与者解释研究内容，接下来会发生的事情，此环节是如何记录的，以及如何使用和存储数据等相关内容，并提出了一系列的建议。给出一定的场景是开展研究环节的一种最佳方式。

如果你想拍下参与者参与研究的照片（一些“动作镜头”），你需要事先征得他们的同意。如果你要在报告中使用这些照片，同样也需要征得他们的同意。可以将这些条款列到同意书中，让参与者签字认可。

干预性的远程卡片分类协议的介绍与面对面干预性卡片分类极为相似，只有个别地方有些差异。对于远程卡片分类方式，你需要让参与者意识到以下内容：

- 除了你之外，是否还有其他人参与了观察环节。
- 你在研究环节中将会用到的各类不同的工具。
- 如果你对此环节进行记录，你将如何使用和存储这些数据。

你可以向用户研究参与者口述同意书，征得他们的口头同意，也可以给他们发放一份文件，让他们签署，当然也可以通过让他们参加一个简单的在线调查，以征得他们的同意并告知保密协议声明。如果在研究过程中需要下载某些软件，你需要事先告诉参与者，让他们下载下来，否则你不得不在访谈环节额外留出一定的时间来完成这些任务，这也就意味着你不得不延长谈话的时间或者减少他们进行分类的卡片的数量。

2. 简短的开展任务前的面谈问题

在撰写访谈问题和研究任务时，请参考第三章关于如何询问正确的问题的内容。这些问题将帮助你理解你在会面期间做的一些观察，你将能理解参与者的思考方式以及分类方式，并且可以帮助参与者在进行卡片分类之前放松自我。

3. 对卡片分类的提示提醒

在你要求参与者开始对卡片进行烦琐的分类和分组前，应先向他们解释清楚接下来会发生的事情。你可以参考如下文本框中的内容，根据你的卡片分类进行适当调整。

如何解释面对面的卡片分类方法

我接下来将告诉大家如何使用这种方法——在我们正式开展之前，如果你们有什么问题，可以现在提出。

在大家面前摆放的这一摞卡片代表着（产品/服务）的（内容/功能/项目）。你们每个人需要做的是尝试着把这些卡片进行有意义的分类。

大家所做的不是为一个网站设计导航，这项工作我们后期会处理的。

这也不是一项记忆力测试，你们没必要将现在手头上的信息组织得和原有的信息一模一样。我们对你们的分类方式更感兴趣。

（开放式卡片分类）分好组后，我希望你们每个人根据自己的理解对每一组进行命名。如果觉得有必要，你们可以对每一组进行再次分组。如果你们觉得有些部分亟待完善，你们可以使用空白卡片进行填充。此外，如果分类标签不确切，请根据你们每个人自己的意愿在卡片上写下新的标签名称。

（封闭式卡片分类）大家可能注意到，桌面上已经摆放了许多卡片。这些是我们想要你们进行分类的群组。如果分类标签不确切，请根据你们自己的意愿在卡片上写下新的标签。

（混合式卡片分类）大家可能注意到，桌面上已经摆放了许多卡片。这些是我们想要你们进行分类的群组。如果你们觉得有些部分亟待完善，你们可以使用空白卡片来进行填充，可以添加一个组，也可以添加一个重要的项目。如果分类标签不确切，请根据你们的意愿在卡片上写下你们认为更好的标签。

（迭代式卡片分类）*大家可能注意到，卡片已经被归类好了，这是由先前的参与者完成的。我想让你们看一看他们创建的分组，看看这样的分类方式对你们来说是否同样适用。你们可以根据自己的意愿作出修正。调整的程度完全取决于你们个人的喜好和意愿。

（所有卡片分类）最后，如果你们认为有些卡片与其他的卡片格格不入，你们自己可以创立一个“不确定”组。完成后我们再对这些卡片进行分类，如果你们觉得还是无法归类于任何一组，这也没有什么问题。

只要有需要，请随时提问。我可能不会在你们完成任务期间给予回答，但是在大家完成任务后，我会告诉大家我的答案。

*需要注意的是，在迭代卡片分类方式下，向第一批参与者所作的简介可能与给其他组作的简介有所不同，因为他们是第一批，是不会修正他们的结果的。所以，当你向第一批参与者作介绍时，不管你采用的是开放式卡片分类、封闭式卡片分类，还是混合式卡片分类，都可以根据需要进行调整。

用于介绍线上卡片分类的版本

这些说明适用于你使用专门卡片排序的在线工具的情景。如果你使用的是电子表格或者其他工具，你还需要根据你所选择的工具，对介绍的内容进行调整。

接下来我将告诉大家此种方式如何运作——在我们正式开展之前，如果你们有什么问题，可以现在提出。

在屏幕的一侧，你们会看到一个条目列表。这些卡片代表了这个（产品/服务）的内容和功能。你们需要做的是根据自己的理解和意愿对卡片进行分类。你们可以把鼠标放在每一项上，然后把它拖到主区域即可。进行分类后，你们也可以通过在主区域中拖动卡片来改变它们的分组。

（开放式卡片分类）分好组后，我希望你们根据自己的理解对每一组进行命名。你们可以通过在屏幕的同一区域放置卡片来创建一个群组，这个在线工具会自动为你们创立新的群组。你们的群组中有多张卡片后，你们就可以在群组的顶部输入群组的名称。我们目前在用的工具尚不能创立下级群组。如果你们认为有必要创立下级目录，请告诉我，我会记录下你们的想法。如果你们觉得有些分组有待完善，或是现有的分组不确切，也请大家告诉我，我会一一记录下来。

（封闭式卡片分类）大家可能注意到，屏幕桌面上已经设定了一些标签。这些是我们想要你们进行分类的群组。我们目前在用的工具尚不能创立下级群组。如果你们认为有必要创立下级目录，请告诉我，我会记下你们的想法。如果你们觉得有些分组需要完善，或是现有的分组不确切，也请大家告诉我，我会一一记录下来。

在卡片分类阶段，你需要针对参与者的评论和问题做一些笔记，这些笔记将会帮助你了解这些标签是什么，哪些标签是无效的，也可以帮助你理解他们的思考和思维过程。由于卡片分类法可能会带来认知负荷的加重，参与者将会专注于他们正在做的事情，这样一来，你需要鼓励他们进行自言自语。在最初打破平衡的阶段还是有一定难度的：一方面想要了解他们的思维过程，另一方面还不能过多地干扰他们的思维。与可用性测试一样，当参与者习惯了在整理卡片的时候与你交谈后，就会对他们所做的事情敞开心扉地和你进行谈论。

我的建议是，在最初，要保持几分钟的沉默，让参与者凭借自己的感觉进入角色。这会多少让人感觉不太习惯，但是这是必要的。一旦他们动手建立了几个小组，那么是时候开始和他们进行交谈了。如果在最初的几分钟里，他们明显遇到了困难，那么你可以问他们一些开放式的、中立的问题，这可以帮助他们继续开展下面的任务。如下是一些示例：

- 这个条目对你来说意味着什么？你会怎么描述它？
- 是什么导致你对条目的名称举棋不定？
- 是什么让你觉得这些条目和你有关联？
- 基于刚才我给你的卡片描述，你觉得这个条目的名称合适吗？或者你有其他的想法？
- 你认为这一群组中是否存在有些卡片较之其他卡片，关联性会更大？
- 你认为如果将这张卡片放在其他群组中是否会更好一些？这张卡片可以同时放在两个群组中吗？为什么是这样？你对此是怎么看的？

预测参与者会说些什么是有一定难度的，但是上面的问题将会适用于大多数情况。最重要的一点是，它是用来避免偏见的，而不是告知参与者如何进行卡片分类的。

4. 简短的任务完成后的面谈问题

结束后的会面给了你一个机会，可以让你从参与者那里得到一个概述：

- 请给我介绍一下你所创建的群组。
- 是什么让这一群组的各项相互关联起来的？
- 你为什么这样命名这个群组？
- 有没有哪张卡片可以被两个群组共用？
- 如果有的话，哪一群组你最有把握？为什么会这样？
- 如果有的话，哪一群组你最没有把握？为什么会这样？
- 请分享一下你的最终感想。

以感谢致辞结尾是最好不过的。例如："非常感谢你的参与；它将帮助我们改进×××，这样会提高其可用性。"

非干预性面对面卡片分类及远程卡片分类法

对于非干预性的远程卡片分类法，参与者在自己选择的时间和地点，使用OptimalSort或UserZoom这样的工具，开展卡片分类活动时，研究人员无需参与其中。当你的目标是让大量人员完成研究时，非干预性测试方式对定量测试是最有效的。截至目前，我们已经了解了卡片分类和用户研究的基本原理，可以基于这些原理来开展非干预性的卡片分类活动了。要想成功做到这一点，你还需要：

- 解释；

- 初步调查问题；
- 分类简介；
- 分类后的问题；
- 致谢词以及接下来的打算（梅菲尔德，2011）。

非干预性的面对面卡片分类是一种较不寻常的卡片分类方式：这没有充分发挥协调人的作用。然而，它确实有些优点：参与者将在没有任何外界影响的环境下完成任务，并且可以进行深入的讨论，以了解参与者所做的事情，哪些是容易完成的，哪些对他们来说尚有困难。你可以参阅其他类型的卡片分类，并决定你所采用的面谈的类型。

• 卡片分类工具

对于面对面的卡片分类研究来说，以下项目是必不可少的：

1. 卡片（普通卡片或厚卡片）。需要有足够的卡片，卡片上（事先）写有你准备分类的条目。如果参与者想要对这些条目重新命名，则还需要准备一些备用的卡片；这些卡片写有群组标题（与写条目的卡片颜色或者大小不同）（为开放式卡片分类准备空白卡片，预先为封闭式卡片写好条目）。

2. 笔：理想情况是像记号笔一样可以在卡片上书写。最好能有多个颜色的笔，可以标注条目、标题以及参与者注释。使用毡头笔书写较为清晰，这样也便于拍摄。

3. 相机或智能手机：用来拍摄每个参与者创建的群组。

4. 供参与者签署的同意书，以确定他们了解了所有内容。

5. 用于指导你完成整个环节的协议。上面写有你想要说的话，想要做的事情，以及想要涵盖的话题。如果协议上没有做出注释，那么你还需要一个记事本。

可选项目：

1. 摄像机：用来记录卡片分类的方式，可以让你捕捉到卡片的细节，且不会对参与者造成较大的干扰。

2. 录音机：你可以复听与每位参与者的对话。（可以和摄像机一起使用——需要考虑你将把这些录音设备用在何处）

3. 剪贴板：可以将协议粘贴在剪贴板上，用以做标记。根据我的经验，在大家忙于创建和重组卡片分类的过程中，你可能需要经常站起来走动，但是当然站着不是一个必需的要求。

对于远程卡片分类来说，以下是必要的：

1. 在线卡片分类工具，如OptimalSort或UserZoom。

2. 在线会议和屏幕共享工具（参见第五章可用性测试中的相关介绍）。

3. 如果这个工具没有录音功能，你可以使用屏幕共享工具，或者你可以采用电话录音而不选择使用视频会议。

• 总结

与可用性测试一样，卡片分类应该是迭代进行的。单次卡片分类无法显示所有你想知道的信息，当你的内容繁多且复杂或者你有多个用户群时，更是如此。不要试图一次就解决所有问题：这将使事情变得更加困难和复杂。在开始研究和运行时是如此，在分析过程中更是如此，因为在分析过程中，事情变糟的可能性会更大。

08
第八章

调查法：如何评估一个涉及面较广的用户反馈信息

• 调查法是什么

调查法是经常在市场调研和用户研究中使用的一种研究方法。它有一定的局限性，但优点是运行成本不高，而且影响面比较广。在第三章中，我们讨论了如何利用调查法来招募合适的参与者。在这一章中，我们将把重点放在如何为用户研究招募大量用户参与者，并收集定量和结构化数据等方面。本章所讨论的内容，可以较好地应用在通过面对面或电话方式开展调查/问卷调查等方面。然而，在某些情况下，如果你能够开展面对面的研究，与调查法相比，其他的方法可以帮助你获得关于用户体验的更深层次的数据。当然，研究方法的选择还是取决于你的目标以及你的目标用户群。

• 调查法适用于哪些场景

调查法可以对各种概念进行计量或量化。你可以把你从样本中所获得的信息应用到更广的人群中。例如，在某个既定的年份，你可能拥有10万独立用户/访问者。如果你从中选择2000位用户，收集信息，这样你就可以将这些信息应用到10万人中（格雷，2014）。依据有统计意义的数据（需要大约1000个回复），就可以信心十足地向利益相关者说明你所提供的设计或决策是有效的。即使你不是为了获得统计意义，调查法仍然是一种为定性分析收集定量和结构化数据的有用的方法。

• 调查法不适用于哪些场景

让参与者回忆过去的行为或描述最近的行为都不是一个好主意：这将无法准确地反映参与者的行为。一个人记住做某件事情的感受要比记住所做过的事情容易得多。

• 何时开展调查

在开发过程或生命周期的任何阶段你都可以开展调查（Usability.gov，2017）：

- 在重新设计之前，你可以通过调查了解用户，这些用户想要完成的事情，以及他们对当前体验的满意程度。
- 在推出一项全新的或者经过重新设计的产品/服务之后，你可以通过调查获知你的新设计是否能够满足用户的需求，并且找到可以改进的地方。

- 你可以通过调查对内容或特性进行排序。
- 你可以不间断地开展调查，以获得未来改进的灵感。
- 你可以探索人们访问或使用产品/服务的原因，并对他们的访问体验进行评估。
- 你可以通过调查从诸如场景调查或面谈等定性研究活动中获得量化结果。
- 你可以对可用性进行评估（系统可用性量表）

• 开展调查所需要做的准备工作

虽然将信息快速、简单地组合在一起，就可以发布简单的在线调查。但是，如果你想向合适的人提出合适的问题，使得调查过程有条理且有逻辑性，这就比较复杂了。在此章中我将不对此种调查做过多赘述。

关于包容性的说明

这里给出的指导意见可以适用于任何类型的调查——在线调查、面对面调查、电话调查——不管什么形式的调查，你应该选择最适合你的用户组的方式。是的，在线调查的惠及面会更广。电话调查和面对面调查需要花费更多的时间和精力，但是后者可能是帮助找到合适人选的最具包容性的调查方式。如果你想找的目标人群一般不使用电脑和互联网，或者他们使用电子产品的技能较差，这一点就显得尤为重要。

• 如何开展调查

与其他的任何用户研究一样，在设计调查之前，你需要确定：

- 你的研究目的。
- 你在哪里可以找到参与者。
- 你将要使用的工具。
- 信息收集的局限性。

需要了解的基本原理（格雷，2014；Usability.gov，2017）：

- 尽量简化你的调查。
- 告诉参与者预估的调查时间。
- 如果情况允许，在完成调查的同时向参与者展示任务的进展过程。
- 既包括开放式问题，也包括封闭式问题。

尽量减少在现场提出开放式的问题。多项选择以及等级评价问题在收集参与者对某一主题的感想时是非常有用的。

- 等级评价问题中所包含的正面的选项与负面的选项数量一致，同时应包括中立和无法确定等选项——如果他们对此不想发表任何意见时，不要强迫他们作答。

- 将内容相似的问题集中在一起，并以逻辑顺序对这些问题进行排序。

- 所提的问题应适合目标对象。事先提出一些关于个人情况的问题，自选题可以帮助你向他们提供合适的问题。懂得如何使用你选择的调查工具的逻辑规则。

询问用户研究参与者是否愿意参加后续调查或面谈来回答更为深入的问题（并记录下他们的联系方式）。

在调查中你可以提出的问题

当询问参与者刚刚经历的某种体验时，调查法是最有用的一种方法，此时的记忆是相对新鲜的。根据格雷（2014）、特纳（2011）和Usability.gov（2017）的研究发现，调查可用于收集关于偏好、观点和态度的信息。这些信息的获得，可以通过询问：

- 你的用户是谁。
- 你的用户想要什么。
- 他们购买的东西。
- 他们购物的场所。
- 他们收获了什么。
- 他们对你的产品/服务的看法。
- 他们是否能找到其想要的产品/服务。
- 他们对产品/服务的满意度。
- 他们喜欢和不喜欢的产品/服务。
- 他们最近遇到了什么挫折或麻烦。
- 他们是否会向其他人推荐产品/服务。
- 他们是否有改进产品/服务的想法或建议。
- 他们是否能够用一个或几个词对产品/服务作出描述。
- 如果允许他们对产品/服务作出一处改动，将会是什么改动，为什么。
- 他们最需要的产品/服务的特征是什么。
- 他们认为可有可无的产品/服务的特征是什么。
- 他们想要分享的其他任何东西（好的结尾处应该留有一个可供自由填写的空白文本框）。

在调查中需要避开不谈的问题

- 不要强制要求用户分享联系方式及个人信息（除非你提供报酬）。
- 避免使用双重否定句以及技术语言。我们可以参考在第三章中关于使用简单的语言提出合适的问题部分的相关内容。使用调查的方式来开展研究时，保持使用简单的语言至关重要。
- 不要在一个问题中涉及多个概念：一个问题只聚焦一个事件。

应该让谁填写调查问卷

如果你的脑海中已经有了目标受众/用户群体，接下来需要考虑的问题是如何将这些人招募进来，加入到你的调查中。如果其他的人或所有的人都想加入你的调查中，这固然是件可喜的事情，但是如此一来获得的结果会有用吗？和之前咱们讨论的一样，这需要取决于你的研究目标。

何时使用招募机构

如果你的调查中需要包括新的目标受众/用户群体，你不了解的用户，你之前丢掉的用户，或者那些你想让其加入但是与你没有任何交集的人等，这时候你就需要一个机构来帮你招募。我们可以回看第三章中关于谁应该参与到你的研究中这一章节，掌握如何制作一份好的招募简报。

你还需要注意到让其他人帮你完成调查所带来的成本。你可以进行筛选，从而在高质量的工作和优惠的价格之间找到平衡点，找到性价比最高的服务机构。

何时自己进行招募

如果你对现有用户组的态度和偏好感兴趣，并且你已经拥有了一个详细记录客户信息的数据库，那么你可以请那些精通数据库的同事帮你找到合适的联系人，前提是你可以通过这种方式联系用户。在你的数字产品/服务允许的情况下，你可以在用户使用它的时候将调查问卷发送给用户。在用户体验过程中，开展调查有多种方式，可以在体验过一定的时间后开展调查（你需要和技术人员商量一下），或者你可以为你的调查设置单独的页面，也可以让其出现在每一张页面的固定地方。如果你正在开展一项面对面的调查，你需要待在相关人员出现概率较大的某个地方。

提前询问用户是谁，以确保你能找到合适的人完成调查。如果目前的这些人不是你想找的群体，可以有礼貌地请他们退出研究，这不是一件大不了的事情，不用为之难过。对他们来说早退出也比在研究中一无是处的感觉来得好。这些人的所有信息你也不能泄露，这是任何研究人员都应当遵守的原则。

开展先导测试

在向所有的参与者发布大规模调查之前，先找一部分参与者开展一项试验性的调查不失为一个好主意。如果有必要，可以修正提出的问题。在最初阶段，你可以让你的同事或其他人来做调查。不要向他们透露过多的背景信息，只告知他们潜在参与者需要知道的信息即可。明确告知他们你想要得到的反馈类型，并且询问他们尚有哪些问题还不明白，有没有什么问题是你无法回答的，或者（在多项选择的情况下）是否遗漏了你原本打算提供的答案？

何时给予报酬

你是否提供报酬会影响到参与你调查的人员。对于基础的5分钟的调查，你可以不提供任何报酬。对于更详细、更复杂的调查，你需要给予参与者一定的报酬，可以采用代金券的形式，也可以采用现金。和其他的调研一样，你可以设置三个奖项供参与者抽奖。

• 调查工具

有许多在线调查工具可供你选择。有些是免费使用的；有些需要你付费后才能启动其功能，才能获得你想要得到的回复量。在预算经费允许的情况下，选择最合适的研究方式。如下有些建议可供你参考：

www.optimalworkshop.com/questions

www.surveymonkey.co.uk

www.surveygizmo.com

www.checkbox.com/

www.campaignmonitor.com/appstore/getfeedback/fluidsurveys.com/

www.keysurvey.co.uk/

你可能认为面对面和电话调查是只需要纸和笔的技术含量较低的调查。在与人交谈时，一种选择是你可以建立一个电子表格来输入答案。另一种选择是在移动设备（平板电脑或智能手机）上进行在线调查。调研的工具有很多，选择哪种工具来收集大量的数据，最终取决于用户是否可以简单操作，以及你的预算的多少。

详细讲述分析调查和统计的意义，需要用一本书的笔墨来完成。关于调查设计的最佳实践方法又得用另一本书来阐述清楚。此章节仅向大家提供了一个简短的概述，如果你认为你将来会开展大量的调查，或者你所做的是一个复杂的调查任务，你可以继续进行深入研究。

09
第九章

用户访谈：
通过与用户交谈了解他们的体验

• 用户访谈是什么

我们谙熟各种形式的访谈，尤其是工作面试。

访谈是在社会科学、市场研究、用户研究和人机交互等领域中（普利斯等，2002）经常使用的一种成熟的技术。访谈的形式有很多，例如：面对面访谈、电话访谈或视频访谈。

• 用户访谈适用于哪些场景

访谈是在迭代研究中经常使用的一种技术。就用户研究而言，访谈有助于了解用户的态度和偏好（以及它们是如何随时间发生变化的）、常见行为、生活和完成任务的场景，以及他们是如何思考和关联某些事物的。

访谈（尤其是面对面访谈）是一种非常好用的方式。通过访谈，可以与那些不容易接触到技术的用户，以及那些缺乏读写能力和数码技能的用户建立联系。你可以在不要求他们做任何事情的前提下，通过面谈来了解他们的体验和背景，因为有时候他们难以完成你交代的事情，所以通过访谈可以避免使他们感到尴尬。

• 用户访谈不适用于哪些场景

我们必须记住，用户所说的和他们所做的事情可能会大相径庭。而且，由于我们都有记忆问题（这是人类的一个共性特征），让人们回忆起具体的体验细节未必是个好主意。

在许多情况下，你的用户不是设计师（尽管你们是在为他们设计），通过跟他们面谈，询问他们关于理想解决方案的细节，或者征求他们对某项特定事物的改进建议，并不是最佳选择。用户访谈最好用来查看发生的事情、用户的感受、目标，以及他们想要达到的结果。

• 何时开展用户访谈

用户访谈被认为是一种直截了当的方法，可以用在时间和预算都有限的情况下——你需要了解情况，但是你又没有足够的资源来开展更为复杂的研究。访谈是决定项目范围的一种好的方法。跟用户交谈，可以帮助你对正在发生的事情、用户的体验、研究的目标和范围有一个大致的了解。

用户访谈是一种与观察法互补的非常好的技术（可以在活动结束后立即使用，如人类学；详见第十二章内容）。你可以单独使用每种方法来获得一定的信息，但是如果你将这些方法组合起来使用，你就对大致情况有一个更为全面的了解。

• 开展用户访谈所需要做的准备工作

用户访谈是最简单的研究方法，无论是学习起来还是实践起来都非常方便。如果你已经较好地掌握了用户访谈实践的基本原理，你可以马上开展用户访谈。如果想要成为一个优秀的协调人，还是需要付出一定的时间和精力。一些敏感话题需要协调人有技巧地引导参与者完成，并且不能影响他们的幸福感。如果你的研究主题是能够引起高度情绪化的话题，你需要对人们的精神状态和幸福感非常敏感，正如下文中的案例所示。

案例分析　何时提前中断研究

2014年，我花了5个月的时间帮助一个慈善机构开展用户研究。这家机构帮助和支持那些身患绝症的病人以及他们的护理人员。在我的研究中，我需要进行20多次电话访谈，访谈内容从绝症患者在与病痛抗争时的信息需求到寻求参与者、筹款和捐赠等。许多采访对象是身患绝症的人，或是护理人员和家庭成员。在每次面谈开始之前，我都会提醒参与者，如果他们感到不舒服或不安，他们可以在任何时候休息或者要求停下来。无论人们身处何种情境下，他们仍然想帮助他人；即使在他们情绪波动很大的情况下也是如此，他们也会继续努力完成访谈。当访谈参与者变得情绪化的时候，在大多数情况下，是我把访谈叫停的。

你需要以一种温和的、让人安心的方式叫停。告诉他们，他们帮了你很多，你真心感激他们为此付出的时间，但为了他们自己着想，此项研究需要停下来。此外，如果他们需要的话，向他们提供专业人士的电话或热线电话，他们可以打电话倾诉他们的情感。你也可以让其他人（专业人士）打电话给他们，确保他们一切安好，当然前提是征得他们的同意。

为了完成这个特殊的项目，我额外做了许多访谈来对那些提前终止的访谈进行补位，但是额外花费的时间、精力和成本都是值得的。参与者的幸福感以及你自己的幸福感要比研究数据更为重要。

访谈可以是结构化的、半结构化的，也可以是开放式的，这取决于访谈的目的（普利斯等，2002）。每次访谈都需要做一定的准备，这包括事先准备好面谈的问题。

• 如何进行用户访谈

我们将学习如何准备访谈，如何调节个人访谈和配对访谈。

问题设计

关于问题设计的内容我们已经多次讨论过，特别是在第三章关于如何提出合适的问题部分讲解得更多。在这里做一个简单回顾。

- 避免使用专业术语和技术术语。尽可能使用简单的英语。如果你必须使用专业词汇，向参与者解释清楚这些词汇的意思。
- 使用中立的开放式问题，不要强迫参与者以某种特定的方式回答问题。

- 提出的问题不宜过长，因为这些问题对于参与者来说回答起来有难度。

- 避免使用复合句，多采用独立的简单句句式。

- 要考虑到所使用词汇的负载含义，来决定你问题中应该使用或避免使用哪些词汇。例如，“福利”这个词在某些情况下含有贬义。

访谈架构

如果你已经阅读了可用性测试部分，就会熟悉脚本或协议的概念以及它们的架构。

1. 简介

在第二章（关注道德和法律问题）和第五章（可用性测试）中，我向大家列举了一个如何开始研究的例子。提供一些背景信息是一个非常好的开端，在研究正式开始之前，请参与者就其疑惑提出问题，同时也能让参与者放松下来。

2. 热身问题

在访谈正式开始之前，向参与者询问一些简单的问题，可以更好地了解参与者。你所提的问题应该是围绕参与者就任务或者你正在研究的领域的体验进行的。所提的问题应该是中立的，且易于回答。你只需要花费5分钟左右的时间，提出几个问题即可。

3. 主要问题/访谈重点

开放式和非结构化的访谈也应遵循日程表，但是没有必要列出需要回答的具体问题。开放式和非结构化的访谈的第一个问题一般都是开放式的，但这之后协调人会按照事先设想的问题引导访谈过程。通过此种面谈方式你会收集到大量的数据，这在你初涉某个领域时尤为有效，但是此种面谈方式需要协调人掌握较多的访谈技巧（普利斯等，2002）。

重要提示

我们前文中讨论过的如何提出合适问题的规则在访谈中均适用。访谈过程应该是自发的，参与者作出临场反应，而不是事先作好准备。

作好提出新问题的准备。这些新问题你最初没有考虑过，但又与你的议程紧密相关。

在访谈开始和结束时，应该包含一些热身问题以及总结性问题。

对于结构化和半结构化的访谈，你还需要准备一份面谈指南，以确保向每位参与者提出的问题主题相同。两者之间的区别在于你提出问题的类型。基于参与者的思维过程，将相关的问题整合在一起。如果你在访谈过程中会涉及敏感话题，那么就可以尝试着从简单的问题入手，然后逐步深入到较难的问题（参见上文中的案例分析）。

4. 总结性问题

与热身问题一样，总结性问题对参与者来说相对容易回答。这些问题可以是对你所谈论内容的总结/回顾，也可以是参与者对某事的总体印象。如果可以的话，最好以轻松愉快的总结收尾：因为人们一般不会记得你说了什么或者做了什么，但会记住你给他们的感觉。

5. 结尾和感谢致辞

利用此部分时间让参与者了解你的研究和项目接下来将会发生什么，是否存在后续的研究等。如果你亲自处理报酬事宜，那么此时可以将报酬付给他们。如果不是这种方式，那么就告知参与者报酬会在什么时间以何种方式发放给他们。你可以将联系方式留给他们，以便他们事后联系你，当然这还需要你根据实际情况来定。

最好向参与者表达谢意，例如：“非常感谢您的参与，这给我们（完成×××）提供了非常大的帮助。”

干预性访谈：个人访谈

使用提示

提示列出了预期提出的问题的相关解释以及后续问题，这些问题是对主要问题的补充（与你的研究重点息息相关）。它们可以帮助你更深入地探究参与者给出的答案，在他们遇到难题时给出示例。示例是一种非常有用的方式，但是还应谨慎使用，因为示例本身引导性非常强，这可能会让参与者偏离他们原本要给出的答案。

你不能准确估计出何时需要提示，但是随着你的研究经验的不断积累，你对此就会把握得更好。值得注意的是，在研究过程中，你可能需要再次使用这些非预期的提示。以下是提示中所包含的一些问题，以供参考。

一些通用的提示问题：

- 你能告诉我这是为什么吗？
- 你认为这是为什么呢？
- 你能描述一下你是如何做到的吗？
- 请告诉我更多关于×××的事情。
- 你对这段体验的感觉如何？

令人尴尬的沉默以及避而不答

在你第一次进行访谈时，如果访谈对象回答不出探索性问题，一般情况下你都会忍不住要打破沉默。然而，在试图打破沉默的过程中，你可能会偏离研究的主题，提出引导性很强甚至是带有个人偏见的问题，这样参与者就不会再与你分享其原本要告诉你的事情。

在访谈中偶尔有令人尴尬的沉默，这是可以理解的。大多数参与者会想尽办法打破这种沉默。你应该学会用“嗯嗯”和“是的”等表达方式来鼓励参与者继续说话，这一方面表明你在认真倾听，另一方面不会误导参与者。随着经验的积累，你就会知道什么时候你需要说话，因为参与者有时是需要鼓励才会说出他们自己的想法，也会知道什么时候应该保持沉默。

参与者向你提出问题，寻求你的帮助是再自然不过的事情。最初你可能会感到进退两难：你要回答他们的问题吗？想要减轻参与者的沮丧/焦虑/压力是人之常情。然而，你到底回不回答参与者提出的问题，最终还要根据问题的内容而定。如下是一些你处理此类场景的技巧：

- 如果有明显的迹象表明，参与者对你提出的问题不理解，那么你需要试着换一种方式进行提问，但同时要保持问题的本质，避免提出误导的问题（问题偏见）。记录下这些问题以及你的回复，因为你在向后来的参与者提出问题时，会调整一下提问的方式。

- 有时，参与者会问及你的个人想法，他们这么做要么是为了交谈，要么是在探寻你想要得到的答案。此种情况下，要有礼貌地拒绝，既不能让他们感到尴尬，也不能回答他们的问题。通常情况下，你可以这么做，告诉他们你对他们的体验和想法非常感兴趣，这是重点，然后告诉他们在面谈结束后，你将与他们分享你的观点。

- 如果参与者无法回答某些问题，不要强迫他们作答，因为这样得到的答案往往是他们编造出来的。只需要简单地标记一下，继续提出下面的问题即可。

干预性面谈：两名参与者

到目前为止，个人访谈和配对访谈所需的准备工作都是一样的。然而，对于协调人来说，主持个人访谈和配对访谈，情况就大不相同了。

案例分析　使用配对访谈

我第一次使用配对访谈是在我读博期间，当时采用的是采取让参与者自言自语的形式。这听起来让人感到有些奇怪，但是从本质上来讲，就是我对两个人就刚刚完成的一个练习同时开展访谈。这样做既确保在他们做练习过程中我没有进行任何干预，又能保证在做访谈时他们对刚完成的练习活动记忆犹新。此种方法允许参与者互相提示，展开讨论，以及向对方澄清观点。我发现这种方式用在教学过程中是非常有用的，你安心观察，不去干扰学习者的学习过程，把访谈作为互动活动的一种延伸。

显然，并不是所有的研究主题都适合采用配对访谈，但是它是可以在特定的环境中使用的，例如：

- 协作是研究的关键主题时，例如，当试图理解协作工作的过程时，你可以考虑与一些经常在一起工作的人交谈。（巴克，2005）
- 在尝试识别不同团队或办公室之间在工作实践中的差异的情况下。考虑与几个完成相同任务但身处不同团队或办公室的人交谈。（巴克，2005）
- 可以通过对搭档进行访谈以更深入了解情况，如果访谈话题非常敏感或者访谈者在朋友在场的情况下更放得开、更健谈的情况下尤为适用。所以此种方式经常被推荐用于对儿童和青少年的访谈中。（AQR，2016）

配对访谈可以让你更深入地了解每个人的体验，并利用各自体验的异同点，对此话题进行探讨（AQR，2016）。配对访谈绝非在同一时间内开展两次访谈，它的目的是创造一个参与者相互交流的动态环境（巴克，2005）。它可以减少一些人在面谈中产生的不适感，能够为参与者提供更多的思考空间，让受访者通过与搭档的讨论给出更为全面的反馈，并且可以对讲述的内容进行深入探讨（拉姆，2011）。

充分利用配对访谈

要想充分利用好配对访谈，协调人必须确保两位参与者对访谈都作出自己应有的贡献。大家可以参考下文中所述的采访指南（巴克，2005）：

- 最重要的是要牢记所做的配对是合理的。一般情况下，配对的两位参与者不管是公开还是私下，应该对彼此都有所了解。
- 沉默并不代表默认。
- 让访谈者轮流做第一个回答问题的人。
- 任何形式的多人研究都存在被一名参与者主导的风险。如果参与者之间存在主从的工作关系（其他的例子还包括父母—孩子，以及年长—年幼的兄弟姐妹关系），这种情况尤其可能发生。如果其中一名参与者开始占主导地位，你可以直接向较为安静的参与者提问。
- 如果受访的对象是儿童（青少年），请注意男男配对、女女配对、男女配对时，所需要的沟通技巧是不同的。（纳兰霍·博克，2013）

记录数据

很明显，录音设备会逐字逐句地记录下所有的访谈内容，但这并不总是适用的。除非你接受过专业的听写训练，否则用书写记录的方式来记录访谈内容绝非易事。当然，记笔记还是需要的，这有助于增强记忆。如果你习惯记录数据，有一些技巧可能会对你有所帮助：

- 只记下个别有趣的说辞，没有必要把所有的东西都记录下来。
- 让他人做笔记，这样可以减轻你同时听、说、写所承受的压力，让你将注意力集中在适时干预性方面。
- 使用能够将语音转化为文本的听写软件，这样可以节省下许多时间。

我个人从来没有使用过听写软件，我总是喜欢把我的笔记写在纸上（确切地说应该是涂写在纸上）。有些人则更喜欢直接在笔记本电脑或平板电脑等设备上做笔记，这无疑会加快分析和分享过程，但是你和参与者之间摆放一台设备，这会给面对面访谈造成不必要的麻烦。对记笔记没有硬性的规定和规则，只需要对以上提及的问题多加注意即可。

访谈的时长

访谈的时长在很大程度上取决于你的研究范围以及你想要涵盖的问题/主题的数量。这也正是在先导测试中对访谈指南进行测试的重要性所在：

- 撰写访谈指南初稿。
- 招募一位同事进行角色扮演或访谈。
- 将指南初稿应用到研究中，使用方式如同真正研究一般。
- 对整个访谈环节进行计时，看看花费了多长时间，也观察访谈者在什么时候因时间过长而感到疲劳或烦躁。
- 一般来说，电话访谈需简短为宜——30分钟或45分钟。与面对面访谈相比，通过电话进行“正式”的访谈需要花费更多精力，这会让协调人和参与者更容易感到疲惫。但是，如果研究本身需要增加访谈时长，那还是需要保证时间的。
- 面对面访谈一般维持在30分钟至90分钟之间，每隔一个小时就停下来休息一下，这样可以避免参与者和协调人感到疲惫。至于时长具体是多少，还是取决于你所关注的主题。
- 通常情况下，配对访谈需要更多时间。30分钟对配对访谈来说就有些过短了，但还是如前文所述，具体的时长取决于你的研究范围。
- 如果访谈的对象是孩子（青少年），一般会缩短访谈时间。30分钟通常是非常有效的，一般不超过45分钟，否则他们会出现注意力不集中、耐心全无的现象。

• 用户访谈工具

可用如下的工具进行访谈：

- 面试指南。
- 记笔记的工具。
- 同意书。
- 保密协议（如果有必要的话）。
- 录音设备（如果需要的话）。

10
第十章

日记研究：如何获得历时较长的用户研究数据

• 日记研究是什么

日记研究可以用来记录一段时间内的定性数据，参与者自主完成日记。研究者向参与者提供一个框架，以记录他们在特定的时间就特定的事情所做的观察及相关数据。

• 日记研究适用于哪些情景

日记研究对于获取体验、行为和态度相关的情景大有裨益。在“实验室环境”中创建场景来收集这些信息是有一定困难的。相对于需要专业设备的研究来讲，这种研究方法成本很低，然而进行数据收集和潜在数据分析所花费的时间成本却很高。

• 日记研究不适用于哪些情景

和大多数研究方法一样，你需要了解日记研究的利弊。此种方法最主要的缺点就是费时。在某些情况下，日记研究是不适用的，例如容易情绪化或崇尚效率的环境中，你是不可能让护理人员通过工作日记来记录他们一天的工作情况的。在这些情况下，人类学（我们将在第十二章中讨论）可能会更合适。考虑工作场景，并考虑参与者的能力后，对于一些用户群组来说（按照能力图谱分类），使用日记研究之外的其他方法更为合适。

日记研究主要关注随时间发生的变化。如果你的研究并不会随着时间的推移而改变，那么日记研究的方式同样不适用。

• 何时开展日记研究

日记研究有助于你了解用户的长期行为：

• 习惯：用户每天在什么时间完成任务？

• 适用场景：用户需要用到哪些能力？这些数据可以为后续研究的可用性测试设置场景。

• 态度和动机：是什么促使用户去完成一些特定的事情？他们的感觉和想法是什么？

• 行为和感知的变化：一个系统的可学性怎样？随着时间的推移，用户的忠诚度有无发生变化？

• 用户体验：当参与者使用不同的设备和渠道与你的组织进行互动时，典型的用户体验和跨渠道用户体验是什么？多个服务点的累积效果如何？

日记研究对以下方面也非常有用：

• 跟踪用户如何完成一个可能需要几天甚至更长时间才能完成的任务，比如购买一件大的/昂贵的物品（如房子）。

• 挖掘是什么促使用户开始某些行为。

• 探讨你的产品/服务是如何融入用户日常习惯的。

• 评估留存率。

日记研究的关注点可能非常广泛，也可能极其具有针对性，这取决于你所研究的主题。日记研究的架构通常集中在以下几个方面：

• 一件特定的事情：了解这件事情在特定时间内的所有互动情况。

• 常见行为：收集关于用户行为的一般信息。

• 一个特定的活动：了解用户如何完成特定的活动。

• 常见活动：了解用户如何完成一般活动。

• 期望、思维定式、情绪以及社交或身体情况：日记研究可以捕捉到这些信息，用以挖掘用户在各个时间段这些情况的变化过程。任何事情都不是凭空产生的。

日记研究通常与情景调查（第十三章）或用户访谈（第九章）相结合，用来深入研究用户的习惯和行为。日记研究是历时的，时间范围可能从两周到两个月不等。这取决于你的研究内容，以及你认为需要多长时间来观察行为模式，而这些行为模式可能会对常见的或不常见的习惯或惯例产生影响（详见布莱恩特，2014；费海提，2016；拉勒曼德，2012；莫尔，2016）。

• 开展日记研究所需要做的准备工作

掌握日记研究的运行技能需要花费一定的时间和精力，掌握这些技能才能获得数据，并从中提取出有用信息。如果你想在研究过程中采用日记研究的方式，最好从最简单的小事开始做起。

与30分钟的面谈相比，日记研究的成败还取决于日记的范围、参与者贡献的时间及奉献精神。日记研究所需要考虑的因素也非常多。你招募的用户研究参与者是谁？这种方式对于你和参与者来说都是最好的选择吗？考虑到在时间和精力上的付出，日记研究这种方法还需谨慎使用。

为了确保参与者都能积极参与，你需要给他们制定一个激励机制，参加日记研究的报酬通常要比60分钟的可用性测试的报酬高得多。要充分考虑到发放报酬的时间节点，从而让他们在整个研究过程中都能保持积极性。

• 如何开展日记研究

规划和准备工作

与所有研究一样，日记研究首先需要做的是界定项目的目标、研究重点以及你期望能了解的长期行为。你需要：

- 确定研究的时长。
- 选择数据收集工具，供参与者使用。
- 确定你所需要的参与者并开展招募工作。
- 开展先导研究。
- 准备好介绍或其他支撑材料。

确定研究的时长

在日记研究中可以设置时间段（例如，4周）或者直到收集到你所需的数据为止。在实践过程中，设定一段固定的时间通常效果会更好，因为如果你的研究时限未定，是很难找到参与者来报名参加研究项目的。

选择数据收集工具，供参与者使用

在开展招募工作前，你需要选择数据以及收集工具，供参与者使用。

确定你所需要的参与者并开展招募工作

由于日记研究需要的参与时间比较长，所以在招募过程中要格外谨慎。你需要让参与者明确了解研究内容以及你对他们的期望。可以向他们提出一些问题用于筛选人员，这些问题可以帮助你判定他们在你的研究过程中的忠诚度，这样也可以确保他们会全程参与研究，不会中途退出。实际招募的人数要超过预计的招募人数：15%–20%的人中途退出是非常正常的，因为与其他的研究方式相比，日记研究持续的时间较长，需要参与者付出更多。每个用户组可能只需要4到6名合适的参与者。

开展先导研究

日记研究需要花费较长的时间来规划和实施，所以开展一个短期的先导研究是非常有必要的。开展先导研究的时间无需和真正的研究一样长，但是照样可以用来测试你的研究设计及相关材料的有效性（弗莱厄蒂，2016；网站可用性机构Webcredible，2011）。

准备好介绍或其他支撑材料

除了以上几点之外，还需要准备好介绍以及其他的支撑材料。

研究前简报

花些时间帮助参与者做好数据记录准备。你可以通过召开一个集体会议或者致电每位参与者，与他们讨论研究的细节来做到这一点：

- 介绍本项目的研究目的及原因。
- 通报研究时间表，告知期望值。
- 提供与之联系及随访的关键时间节点，并公布主要研究人员的联系方式。
- 与参与者讨论研究中将使用的工具，以确保所有参与者熟悉操作技术。
- 分享数据收集指南，包括记录数据的时间（你可以设置最小的信息提供期望，例如每周至少提供两个条目）以及每个日记条目应该涵盖的问题列表。
- 你可以根据想要获取的数据的复杂程度为参与者提供一个示例日记条目（注意此举可能会误导数据输入：参与者提供的数据可能与你为他们提供的示例数据雷同）。

日记记录时间

为了使数据报告更有效，尽可能详细地向参与者说明他们需要记录的信息是非常有用的。同时，告知他们，他们可以采用他们喜欢的风格和方法来完成记录，记录的内容不超过要求的框架即可。这是一个自然的过程，所以你需要参与者们以一种放松的方式来记录数据，否则你就无法开展研究。此外，通过仔细查看数据记录的变化，你可能会有意想不到的收获。

你可以向参与者推荐各种工具来帮助他们撰写日记，这些工具有些技术含量高，也有的技术含量低。你选用何种形式和技术将取决于你想得到的数据类型和信息以及你预计花费在分析数据上的时间。要想选择最有效的方法就需要考虑到你所需的工作场景以及参与者类型：他们目前的情况，什么时候使用最为方便?

原位记录是指当参与者参与相关活动时，他们会立即（或尽快）向你报告相关活动的重要细节。鉴于此，原位记录用在你预计不会出现大量日记条目或日常情况下或者不会有大量数据输入的情况下使用（拉勒曼德，2012）。

记录活动的一种较少干扰的方法是片段技术，参与者只在活动发生时记录简短的活动信息片段。然后，在每一天结束的时候，或者如果参与者有时间，他们通过提供有关活动的更多细节来详细说明每个片段。你可以考虑让参与者填写一份调查问卷，以扩展他们的观点。因此，你可以获得关于每个片段的特定和一致的见解。你也可以使用一种更开放、更流畅的格式，使参与者能够思考自己的片段（拉勒曼德，2012）。

日记可以是开放式的或者高度结构化的：

- 在开放式的日记中，参与者用自己的语言记录活动和事件，此举有助于参与者反思和深思。
- 高度结构化的日记设有封闭的问题，且事先进行了分类，以获取准确的信息。
- 通常采用混合方法收集定性和定量数据。

你可能在收集数据中使用非言语线索。有几种不同的方法可以做到这一点。参与者可以通过拍照来解读他们的活动，只突出他们一天中最为重要的事情。此种方式与纯文字的记录方式相比，更能深入地了解用户的思维方式。你可以通过非言语的信息来收集参与者情感反馈信息，如图10.1所示。

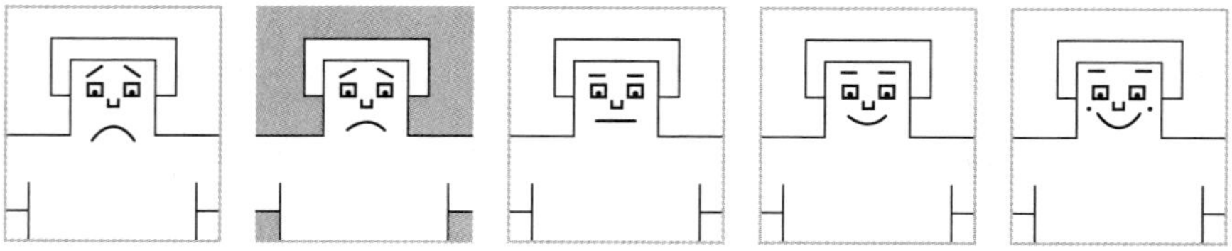

图10.1　自我评估人脸是一种用以衡量情感的非言语量表

资料来源：M. 布兰德利和P. 兰（1994）. 衡量情感：自我评估人脸以及语义分化，《行为治疗与实验精神病学杂志》。

与参与者一起打卡

想要获得你所需的信息，需要在整个研究过程中与参与者保持互动。与参与者一起打卡或者定期给他们发送提醒（每天或每隔几天）。提前让参与者知道，在整个研究过程中，你将会和他们保持联系，并保持沟通，这样你可以给予他们鼓励或者向他们提供解释，但不要过度干预他们。

研究后访谈

研究结束后，评估每位参与者提供的所有信息。对后续的访谈作出规划，详细讨论日志内容。提出一些探索性的问题，以挖掘还原故事所需的特定细节，并且在必要时予以澄清确认。询问参与者的反馈，获得他们参与研究的体验，这样你可以为日后的研究调整程序。（参见弗莱厄蒂，2016；拉勒曼德，2012；莫尔，2016；网站可用性机构 Webcredible，2011；韦斯顿，2017）

• 日记研究工具

我们已经学习过各种不同的收集信息的技术，可以选用各种高技术含量或低技术含量的工具对日记研究进行支持，选用何种工具取决于你想要收集的信息以及你的参与者是谁。你选择的工具是一种适用于所有参与者的沟通方式吗？

纸质日记

这是一种传统的日记记录方式，被认为是最自然、最私人化的方式。首先，此种方式可以被具有不同技术能力的参与者使用，因此这种方法是可取的。其次，这种方式也可以与数字设备结合起来一起使用。最后，纸质日记便于携带，在事件发生时即可将信息记录下来。然而，纸质日记方式也有其局限性，如下所示：

- 必须等到参与者提交了日记后才能开展信息分析。
- 书写形式难以像音频或视频那样可以捕捉到丰富的体验信息。
- 手写的笔记有时候不容易辨认，如果需要的话，可以进行抄写，但是抄写又非常耗时。

重要提示

纸质日记应该包括参与者姓名、记录条目的说明以及何时何地归还日记等详细信息，这样在整个研究过程中，参与者才会不间断地记录日记。

数字化日记

你可以让参与者提交电子版日记条目，通常每天提交一次。有很多工具可以做到这一点：

- 电子邮件；
- Yammer/Evernote以及其他写作协作工具；
- 谷歌文档共享撰写内容；
- 将内容上传到共享谷歌驱动器上，如视频和音频日记条目等；
- 推特，参与者可以向私人推特账户发送信息或推送给一个私人推特账户；
- 在脸书上向一个私人群组发布帖子；
- 在线调查问卷；
- 数字化客户信息工具，例如FocusVision或7daysinmylife等。

图10.2是在日记研究中使用数字化客户信息工具的一个示例，该研究是一种现场日记测试。图10.3是数字化客户信息工具的另一个示例，这是将代码片段技术应用到日记研究中的一个示例。

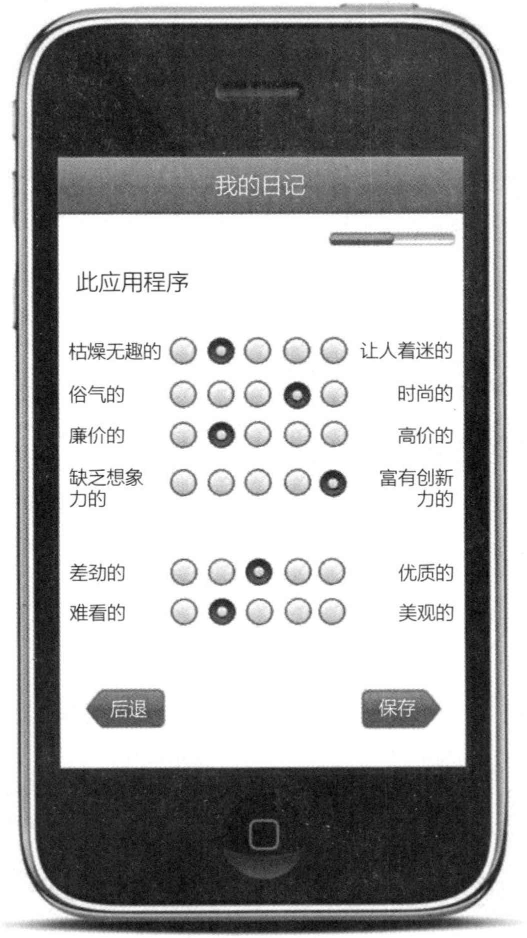

图10.2　AttrakDiff分数显示了一个手机应用程序用户体验在10天内的变化过程

资料来源：拉勒曼德，2012。

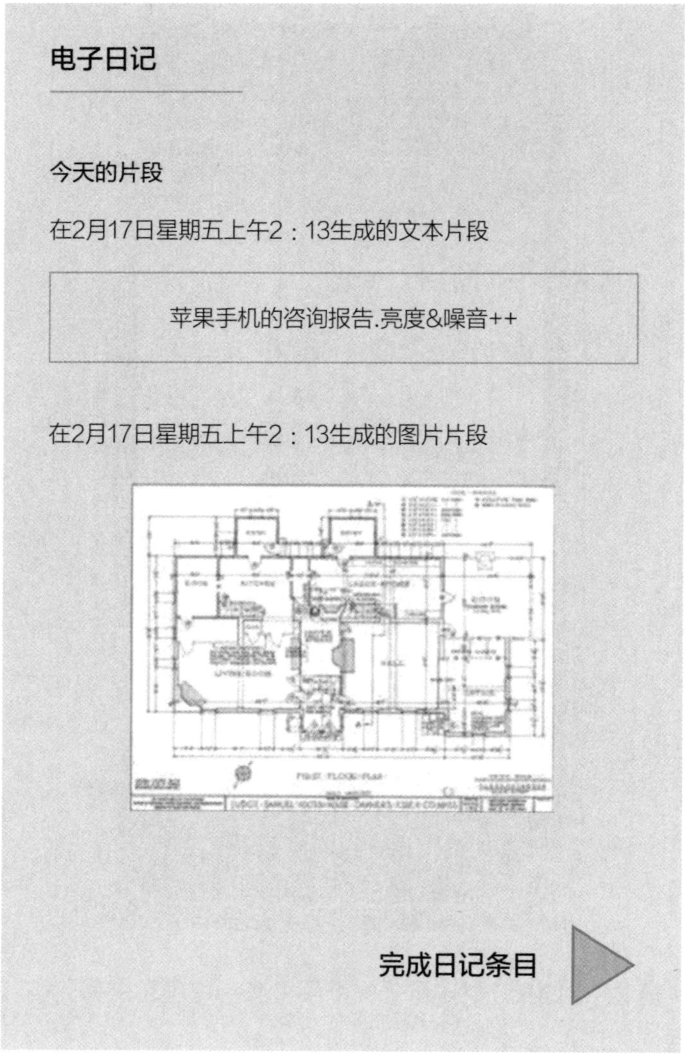

图10.3　白天捕捉的片段可以作为夜间完成日记记录的记忆助手

资料来源：拉勒曼德，2012。

重要提示

你有时需要询问参与者一些后续的问题，要求他们提供更多的细节，但在使用在线协作工具时，注意最好不要与参与者进行过多的交流与互动，因为这样有可能改变他们的想法和行为。（弗莱厄蒂，2016；网站可用性机构Webcredible，2011）

混合方式

允许参与者使用不同的日记记录方式对参与者来说效果会更好。然而，要记住，对不同类型的日记进行分析可能会使分析过程复杂化。

11
第十一章

信息架构验证：
你的信息架构对用户是否有效

• 信息架构是什么

信息架构（IA），顾名思义就是信息的构成信息。我们使用的最常见的例子是网站（和内部网）内容和功能的组织与标记。信息架构可以应用于整体内容的研究（整体的网站架构和导航），也可以应用于细节内容的研究（标签和内容）。

• 信息架构验证适用于哪些领域

信息架构验证练习可以通过观察与分析，来测试现有架构是否有效。信息架构验证可用于评估在与一大群用户进行卡片分类后创建的架构草案。这些架构草案可能是以某种方式增加、删除或修改现有的内容得到的，也可能是一个全新的架构。如果你怀疑现存的问题与设计糟糕的标签和内容有关，那么信息架构验证练习可以让你专注于此方面，而不用对设计元素产生顾虑。

• 信息架构验证不适用于哪些领域

如果你怀疑交互或视觉设计是造成现存问题的罪魁祸首，那么就选择可用性测试。信息架构验证一般不单独使用，通常情况下，它与卡片分类、可用性测试或内容审计结合起来共同使用。

• 何时开展信息架构验证

验证练习通常是在卡片排序之后完成（详见第七章内容）。卡片排序通常是由少量用户完成的，其得到的结果能够让你更好地了解如何构建。信息架构验证研究则可以让你用更大的用户组来验证草案架构是否有效。此种研究可以在早期使用，也可以经常使用：因为此种方式设置、运行和分析起来既快捷又方便。你无需等到原型创建好后再开展，你甚至可以将其与设计并行开展。理想情况下，信息架构验证最好在互动和视觉设计工作之前就开展，但在现实情况下并非如此。只要运用得当，信息架构验证不仅用在项目的开始阶段，它也可以在项目运行期间开展（奥布莱恩，2016e）。

如果你的分析结果没有很好地显示你期待的或想得到的用户体验，那么开展信息架构验证研究可以帮助你了解用户是如何在网站上浏览网页的，这也是远程非干预性可用性测试的另一种选择方式。在内容审核之后，可以立即创建并测试信息架构草案，以决定需要添加、更新或删除的内容（奥布莱恩，2016f）。

• 开展信息架构验证所需要做的准备工作

如果信息架构验证对你来说是个新鲜事物，那么要想熟练掌握信息架构验证尚需花费一定的时间和精力。在最初使用此种研究方法时，你可以与其他人合作，向那些熟悉此研究方法的人学习。

开展信息架构验证需要使用在线工具。虽然这些在线工具花费并不多，但它可能会给你的研究带来障碍。事先做足功课，查阅一下这些在线工具的使用成本。此种方法是开展迭代研究的不二选择，并且它最大的优点是可以与其他的研究方法结合起来使用。

• 如何开展信息架构验证

为你的信息架构验证做好准备工作

与所有用户研究方法一样，充分的准备工作是收集有用数据的关键所在。

招募参与者

根据你正在测试的内容，信息架构验证研究可能与你的所有用户及潜在用户都相关，也可能只与一小部分人有关。找到合适的参与者是非常有必要的，这在第八章调查和第三章选定研究参与者对象中已经讨论过。

测试所需资料

- 向参与者发送信息架构验证研究的介绍，以及你要向他们提出的初步调查问题。

• 一个信息架构，不管其处于什么发展阶段，如果你不确定其条目的确切归属，可以把内容/条目放在多个地方。

• 你的信息架构验证文本信息，要么用文本框，要么用电子表格（架构的简版）。这是你在创建一个尚未进行视觉设计的可单击的结构导航所使用的工具格式（如图11.1所示）。

8	自行车网站			
9		通勤者		
0			行车路线	
1			技能培训	
2			骑行及法律规定	
3			通勤者提示	
4		家庭		
5			骑行地点	
6			学习骑行	
7			安全提示	
8		公路车骑行者		
9			略	
0		山地车骑行者		
1			略	
2		观光骑行者		
3		新闻&事件		
4				

图11.1　在电子表格中创建的信息架构

资料来源：奥布莱恩，2016a。

• 一个代表性的任务列表，供参与者参考完成。对任务数量的多少不做限定，但是所有的任务应该是你研究重点所在的领域。最佳研讨会（Optimal Workshop）是开展此种类型研究的专家，其建议每次研究活动中包括的任务数最好不要超过10个（麦凯，2016）。你需要知道每项任务的正确答案，以便能够分析各类成功指标。

- 研究后调查及结束声明：你可能想要获得一些关于参与者的体验经历的定性数据，对他们表示感谢，并告知他们接下来发生的事情。

确定测试内容

你可能不想对整个信息架构进行验证。如果你有多个用户组，且他们的兴趣点不同，你可能希望对每个组进行单独验证，而不是向每个人发放同样的测试内容。如果你的架构非常庞大，就有可能出现向参与者提供过多信息的现象。使用树形测试对庞大的架构进行验证所面临的最大问题不是技术问题，而是给参与者体验带来了不便（奥布莱恩，2016d）。

信息架构验证的规模

最佳研讨会（Optimal Workshop）对拟验证的信息架构规模建议如下（奥布莱恩，2016d）。如果是验证小规模或中等规模的架构（通常不超过500个条目），你通常可以对整个架构树进行验证。这种规模不足以引起负面效果。如果架构树规模很大（500–1000个条目），你可以：

- 对整个架构进行检验，可以减少参与者的体验量。
- 可以对架构进行“精简式”测试，例如，可以专注于前三或前四个等级。这样一来，参与者就能够在较短的时间内完成更多的任务。
- 通过删除对验证过程不是特别重要的部分，缩小架构规模。
- 只验证整个架构的某个分支，例如只验证报纸网站的文化栏目。

如何精简信息架构

将大规模的信息架构缩小到更易于管理的规模的最简易的方式是将所有内容都降到一定等级，如图11.2所示。请记住，当以此种方式缩小信息架构规模时，你只能够掌握参与者是否能够进入高级别的条目，而无法得知他们是否能够进入具体条目（奥布莱恩，2016d）。

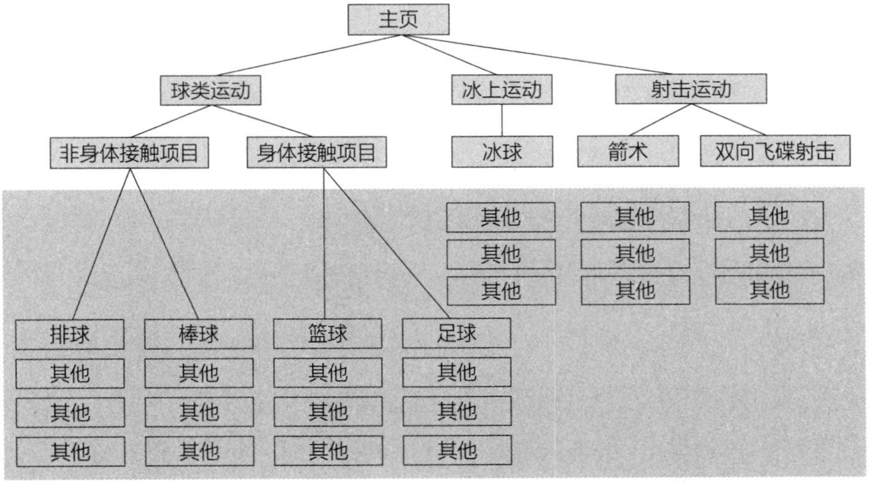

图11.2　缩小架构验证的规模（方案1）

资料来源：奥布莱恩，2016d。

如果你不想验证某部分内容，你可以直接删除此部分，但是要保留其他部分（你想要验证的部分）的所有主题（奥布莱恩，2016d），如图11.3所示。相对地，如果你对某个领域特别感兴趣，你可以选择架构中的某个子集（奥布莱恩，2016d）。在此种情况下，你招募的参与者应该对此领域感兴趣或者熟知此领域，如图11.4所示。

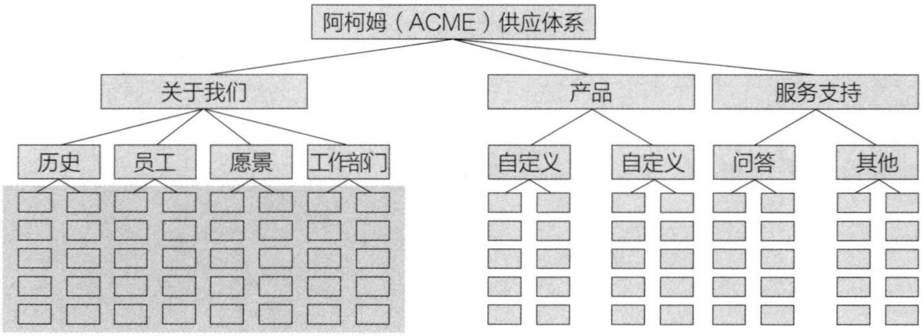

图11.3　缩小架构验证的规模（方案2）

资料来源：奥布莱恩，2016d。

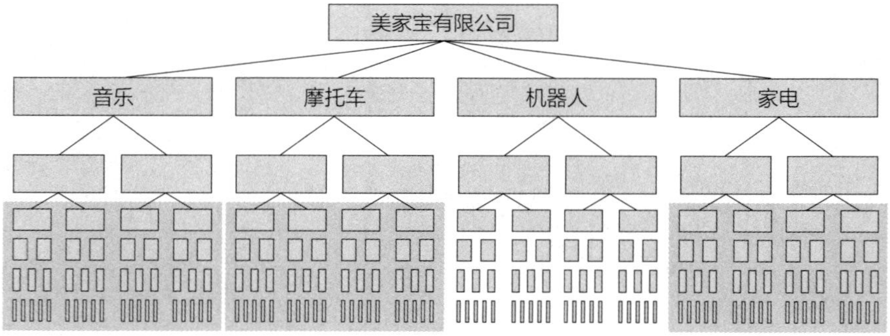

图11.4　缩小架构验证的规模（方案3）

资料来源：奥布莱恩，2016d。

哪些标签应该包括在内

最佳研讨会（Optimal Workshop）建议应该包括总体导航条目，过小的条目除外，不应该包括总体导航条目中没有的链接或捷径（如概述）。"退出"功能的标题也不能包括在内，如搜索、联系我们、求助等（奥布莱恩，2016c）。

运行测试

在大规模运行之前开展先导测试是非常有必要的，因为这可以确保该测试能够正常运行，也可以判断出此测试是否需要改进。通常通过电子邮件向参与者发送链接，确定好测试的时间框架，并明确告知参与者，是非常有必要的。要时刻留意参与者反应的速度。在测试时间过半时，向参与者发送提醒邮件，鼓励那些还没有完成任务的参与者进行测试（奥布莱恩，2016b）。

• 信息架构调查工具

此测试通过在线远程工具完成，例如Treejack（https://www.optimalworkshop.com/treejack）或者c检查器（http://www.c-inspector.com）。

12
第十二章

人类学：
观察人们在现实世界中的行为

• 传统意义上的人类学是什么

人类学是研究人类和文化的一门科学。人类学被用于用户研究中，用于研究人类和群体在日常生活中的自然反应、非言语反应，以及未曾预料到的情景。

• 人类学适用于哪些情景

人类学用于揭示未知的东西，在现实世界中收集真实数据。人类学观察、记录和分析人类行为，是发现和理解用户需求的重要工具。人类学可以用于理解：

- 人们如何将事物融入到日常生活中；
- 真实的行为；
- 组织的产品/服务是如何与人们的生活相融合的。

如果你的研究工作关注的是某一团队的运作方式，那么人类学视角的观察会让你了解此团队与组织中的其他团队是如何互动的。根据你的研究范围，你的研究内容可能包括该团队与朋友、家人、顾客和公众的互动情况。

• 人类学不适用于哪些情景

人类学不适用于那些快速运转的项目。人类学研究需要较高的时间、资源和技能成本。即使与参与者进行几次会面，人类学这种方式也需要大量的计划和协调工作。参与者需要一段时间来适应观察者在现场观察，所以短期的人类学项目不一定能得到真实的结果，这使得人类学不适合在敏捷环境中采用。

案例分析　人类学在机场设计中的应用

人类学研究在机场设计方面非常有用，例如：在哪里安放插座和USB充电接口，靠近座位区或者建在座位区内，这样一来人们就不用坐在地板上给他们的设备充电了。人类学在机场路标设置方面也非常有用：在繁忙区域的哪些位置摆放标志，以方便携带大量行李的团体乘客寻路（拉森，2016）。

• 何时使用人类学

在项目的早期阶段，在现实世界中观察人类行为是特别有用的，因为你可以更深入地了解问题的范围以及所处的环境。了解事情发生的过程可以帮助你创造出实用的产品或服务，而非理想化的产品和服务。人类学还有助于理解人们跟你的产品/服务相关的情感价值。

• 开展人类学所需要做的准备工作

人类学是一种劳动密集型的研究方法，它需要研究者完全沉浸在现实世界的环境和社会变化中。信息和结果高度依赖于观察和解读，所以数据质量会受到你的技能水平的影响。如果你从问题范围界定阶段就参与到复杂的项目中，与有特殊需求的用户一起工作，那么就值得花时间来提高你的人类学研究技能。如果你已经使用了其他的研究方法，你所获得的技能将会帮助你开展人类学研究。

• 如何开展人类学研究

掌握了所有的研究技巧后，你还需要明确定义你的研究目标，以便理解观察和注意的各种现象。人类学研究的目标往往比较宽泛。艾默生等（2011）就信息收集建议如下：场景描述：实体环境；工作站，办公空间，杂物间，休息区的布置；关键事件：发生了什么？谁做的？你的印象是什么？团队成员对这些事件的看法和解释是什么？他们对这些事件的感觉如何？

在你的笔记中清楚地说明你的观点是什么，你的证据是什么。你应该在合适的时机提出问题，以表明你对事件的情形、背景和互动情况有所了解。在实践中，需要保持一定的平衡：适当干预，得到你需要的信息，但不要过度干预，这会导致事件中断。

对数据的分析也是劳动密集型的，因为在人类学研究过程中需要收集大量的数据。科尔维尔·海德（2009）建议，一边收集数据一边分析，不要等到最后才进行数据分析，及时进行数据分析，这能够让你对事件做出及时的反应，并深入了解事件，这样一来你就不会错过获得用户行为相关信息的机会。

• 用移动设备扩展你的人类学研究范围

移动人类学是什么

我倾向于把移动人类学看作是人类学研究和日记研究的结合。移动人类学利用通信和记录技术来获取人类学数据。

技术的发展带来了研究技术的更新：研究重点从研究人员的实时观察转移到参与者录制下的数据。参与者需要通过日志记录、拍摄视频、回应提示、拍摄声音片段等方式，定期记录他们的想法、感受和决定，所有这些都可以在智能手机上实现，也可以使用一台剪辑相机，每隔30秒拍摄一张照片（克里百特，2015；科罗斯托夫，2014）。

何时使用移动人类学

传统的人类学要求研究者当场观察实验对象的行为。移动人类学可以用来强化你的人类学观察，通过让参与者记录下你不在场时的数据和观察过程，可以扩大你的观察内容。你可以让他们在执行这些任务时回答与场景相关的问题，以使你更好地理解时间、环境、社会压力、动机以及过往经历所带来的影响。你可以基于不同事件和不同时间段记录的数据，通过访谈的方式来获得对场景的理解和反馈

（哈德逊，2016）。

如何开展移动人类学

开展移动人类学主要有两种方法。第一种是被动方式，在不采取任何有意识的活动的情况下收集参与者体验，这种方式能提供他们在自然状态下的情况，但是缺点是可能会遗漏一些细节。第二种是主动方式，让参与者记录下他们的体验经历，记录的方式可以由他们自己来定，也可以按照提示样式来定（就像在日记研究中那样）。这样会获得很多细节信息，但是有时会迫使参与者主动中断进程，以决定他们要记录的内容。当然，你可以采用混合方法，将主动方式和被动方式结合起来使用。

• 人类学调查工具

在传统的人类学研究中，你所需要的只是笔和纸。然而，有专门的移动人类学工具，可以用来获取数据。

叙事剪辑

叙事剪辑是一个小型的自动照相机。用户研究参与者只需把它别在衣服上，就不用再有其他操作了。照相机每30秒拍一次照，照片上标有时间、日期和地点。一款智能手机应用程序可以将所有的照片整理成一个动画时间轴。在深度访谈中，让参与者观看，以确认具体细节，并获得相关信息。尽管这属于被动数据采集方式，但是参与者可以选择在关键时刻主动拍摄照片。然而，叙事剪辑的确存在一些缺点，比如照片有固定的拍摄视角，且不能被用于体验评级与体验描述（贝利，2014）。

体验伴侣

体验伴侣可以让参与者使用智能手机应用程序来记录他们的体验，对于每一个接触点，他们都可以提供一个标题、体验等级、描述、图片、视频和位置。参与者的数据与网页应用同步，该应用程序在时间轴上显示了他们的触点和体验评级。在对参与者进行深入访谈的过程中，可以进行回放。它可以用来创建一个有价值的体验图，突出显示高峰体验、亟待提升的体验，以及需要解决的痛点（贝利，2014）。

其他工具

新的工具总是层出不穷，需要你密切关注技术的发展。你可以参考SurveySwipe网站（http://www.surveyswipe.com/）。

13
第十三章

情景调查：
在人们熟悉的环境中进行访谈

• 情景调查是什么

情景调查可以描述为用户访谈和人类学的混合体。它包括半结构的访谈方法，以获取情境的相关信息，然后在用户研究参与者自己熟悉的环境中接受观察和询问。这使得分析的数据更为真实（赫佐等，2010）。情景调查需要参与者扮演专家的角色，他们比在其他研究方法中表现得更为活跃，因为他们通过展示和谈论自己承担的任务来发挥主导作用。

• 情景调查适用于哪些情景

情景调查可以帮助你披露用户可能从未意识到的信息和观点，并通过观察用户在自然环境中的行为来获取真实、详细的数据（交互设计基金会，2016）。它结合了观察和深度访谈的优点。

当你的研究对象是辅助技术的用户以及有各种访问和技能需求的用户时，在对研究进行规划时，对他们进行情景调查访谈是非常有用的。这不仅给他们提供了方便和舒适，也能够通过观察他们如何改变环境来满足他们的需求，还能够观察他们访问你的产品/服务所使用的技术，以及他们在此环境中所面临的挑战。

• 情景调查不适用于哪些情景

如果你想研究的是事物随时间变化的情况，日记研究和人类学研究是更加合适的选择，且具有较好的可持续性。与在人为设置的环境中进行可用性测试以及在与外界隔离的情况下进行访谈相比，情景调查需要投入更多的时间和精力。所以，当你在时间非常紧张的情况下，采用远程或者在人为设置的环境中开展研究会更加实用，也更符合实际情况。

• 何时使用情景调查

情景调查用于挖掘设计或重新设计所需的参数、标准、特性或流程（网站可用性机构Webcredible，2011）。当你需要了解产品/服务的使用环境时，情景调查是非常有用的。如果参与者无法到达你的工作场所，你可以到用户所在地，这时就可以使用情景调查。与其在参与者所在地附近的人为设置的环境中对他们进行访谈，不如到他们真实的环境中拜访他们，对他们的环境和他们想要做的事情进行观察。

案例分析　情景调查示例

我仍然对曾经做过的一个实境访谈项目记忆犹新，可能是因为我当时穿了一套白色的实验服，戴着安全镜的缘故吧。撇开道具不谈，这个案例表明了真实环境（实境环境）所获得的信息是在人为设置的环境中无法得到的。

一家制药公司想要了解其在线索引和指南的可用性情况。这是一个关于如何制造化合物和溶剂的程序指南的索引。这些都必须以一种特殊的方式制作，以达到行业标准。该公司意识到，它的索引并不是最优的，但是又搞不清楚问题具体出在哪里。由于这个在线索引是在一个非常特定的环境中被特定的人群使用，所以选择实境研究来探讨它是如何被使用的，以及使用过程中产生的问题，是非常有意义的。

这项研究揭示了许多与在线索引相关的有趣的问题。是的，设计、架构和搜索功能都存在可用性问题，但也发现在制造化合物和溶剂的实验室里没有计算机。在线索引是在一个单独的办公室登录，所以实验室的工作人员需要将他们所需要的指令打印出来，并覆上膜，以防酸（或者其他的东西）不小心滴在上面。

我们都是忙于工作的人，我们都有捷径和变通方法来提高我们的工作效率。这种变通方法并不是由公司管理层或创建该索引的人想出来的。这种变通会存在一定风险，因为人们无法及时更新方法，因此他们有可能无法遵循正确的程序来操作。由于这是一个严重的问题，它引起了对办公室/实验室设置的重新思考，并多次改进在线索引，以便能更好地利用它。

我应该指出的是，这个项目是在平板设备流行之前开展的，所以你无需认为这是过时的。

• 开展此类研究所需要做的准备工作

在情景调查中需要学习的技能与在访谈和观察研究，尤其是潜在的可用性测试中所需要的技能极为相似，是否运用这些技能还取决于你的研究范围和研究目标。与其他任何一种方法一样，每种研究方法都有缺点。情景调查研究属于时间和资源密集型的研究方法：你需要长途跋涉到用户所在地，在其熟悉的环境中对他们进行访谈，并进行深入的观察，这需要花费时间，精心计划，还需要对差旅做出预算（交互设计基金会，2016）。

你可能会考虑让其他人跟你一起观察，这样你就可以与其讨论你们所做的观察以及潜在的影响因素。这也意味着你有两套笔记（理想情况下），这样一般不会错过任何细节。然而，这可能并不现实，你还是需要为独立观察和分析做好充分准备。

你需要考虑前往参与者所在地所需要的时间。尽量把每天的拜访地点控制在两处。这听起来像是一个轻松的工作量，但事实并非如此，因为留出时间记录笔记，对每次访谈后得到的信息进行思考和探讨是非常重要的。

• 如何开展情景调查

此种研究方式通常在设计过程开始阶段使用，并且有利于获得大量关于工作实践和使用工具，以及社会、技术和实体环境的信息。根据赫佐等人（2010）的研究结果，情景调查需要遵从的四项原则是：

1. 专注：基于对目标的清晰理解，设立调查计划。

2. 实境：到参与者所在地拜访，观察他们的行为，例如，工作。

3. 伙伴关系：与参与者一起谈论他们的工作，与他们一道探讨未挖掘或未表达的信息。

4. 解读：与参与者就工作中重要环节达成共识。

情景调查规划

情景调查规划包括识别、定位以及获得你想要采访的用户及利益相关者的同意。

参与者

每个用户组中至少包含两个人，每个情景调查访谈都是单独开展的，但是每次访谈的对象只是某个用户组中的某一个人，这就意味着你将能够识别出哪些是常见的行为，哪些是不常见的行为。

所需时间和访谈安排

日程安排的一个重要方面是，你可能想在一个典型的或忙碌的时间段来观察参与者，而参与者则希望在一个安静的时间段（也许是不具代表性的时间段）进行访谈。一个访谈环节需要两个小时，但是从研究角度来讲，这么短的时间显然是不够的。因此，你可能需要额外增加一些环节，一方面，可以避免使参与者过度疲劳；另一方面，可以在正常情况下观察任务的完成情况。

开展实境访谈

情景调查内容主要分为以下几个方面：

- **了解你的研究问题和目标：**你肯定不想只是走马观花地观看。你可以通过事先制定一套标准问题以充分利用访谈时间。你可以用这些问题来了解这些参与者的背景，以及对他们来说典型的挑战和目标。

- **介绍：**向参与者做自我介绍，介绍研究的目的以及其他相关的信息。你可以向他们询问访谈是否可以被记录下来，以及何时停止/开始录音。为参与者的数据提供保密保证，并就能够匿名使用这些数据，以及你可能需要的其他任何东西征得他们同意（详见第二章中的道德和法律问题部分）。

- **半结构化访谈：**用于了解参与者的工作情况。相对松散的结构可以让你在与参与者出席时灵活安排调查内容的先后顺序。重要的是可以按照参与者的节奏进行调整，你只需要专注于用户正在执行的任务，并在执行过程中讨论问题（不要过多提出问题，以防破坏自然行为）。

- **主动观察：**重要的是告诉参与者你想通过观察和偶尔打断他们的方式来从中获得信息。确保你已经就何时可以打断他们达成一致意见，在一些情况下是不能打扰用户的，例如用户与客户沟通期间。在观察用户时，牢记你的观察重点。你可能需要让参与者做一些不合常规的事情，但是这些事情对研究目标的实现非常重要。即使你对这是否与你的目标息息相关也心存疑惑，还是要尽可能多地做笔记，这是整个研究蓝图的一部分。

- **总结：**在访谈过程中总结你所学到的东西。注意参与者对你所做总结的反应；他们不会总是直言不讳地告诉你是你搞错了，所以你必须自己弄明白是否真的错了。如果你难以做出判断，可以向他们提出一些问题，和他们一起把事情捋清楚。

如下是一些重要的建议：

- 试着在倾听的时候不要作出任何解读。在访谈和观察环节结束后，花些时间进行分析并提出相关的问题。这对你来说可能是非常困难的，因为这是一种常见的人类行为，即在做笔记的时候进行解读。向大家介绍一个比较好的策略：使用不同颜色的荧光笔将事实与假设或解读区分开来，或者使用引号将参与者使用的原话标注出来。

- 如果其他用户也包括在参与者互动观察环节中，请确保得到这些用户的同意。在征得他们首肯之前，不要做任何记录。

- 情景调查通常要求参与者在日常执行任务的情况下完成研究环节。如果参与者无法在他们的日常场景中完成任务，你需要有礼貌地取消他们的研究环节。

- 尽可能保证用户的匿名性。一种情况是，不要在报告或文档中使用他人的姓名。然而，我也必须提醒你，在某些情况下，某些人有可能会推断出是谁做的某些评论。还有一种情况是，有些人不希望匿名，他们希望自己的声音被清晰地听到，以期能得到认可。你需要自己决定以何种方式来处理此类问题。

建议大家参阅访谈研究和人类学研究的相关章节——第九章和第十二章；还可以参阅如下资料：曾加，2014；加夫尼，2015；交互设计基金会，2016；罗斯，2012；绍罗，2016；可用性网站（UsabilityNet），2016；网站可用性机构（Webcredible），2011。

• 情景调查工具

在你去实地拜访用户研究参与者之前，你需要做一些准备工作。如果你需要做音频或视频录制，需要确保你的设备是完好的。如果你的访谈对象对音频或视频录制感到不舒服或不情愿，你需要放弃录制，所以在出发之前需要为此情况做好准备。

14
第十四章

A/B测试：比较不同方案的用户研究技巧

• A/B测试是什么

A/B测试（也称为分割测试）对同一事物的两个版本进行对比，以查看哪一个版本表现更好。你可以通过向类似的参与者展示两种不同的版本（A和B），用以比较两个页面，帮助你在不同的设计和内容选项之间进行选择。此种测试方法是基于数据而不是基于观点做出决策。在A/B测试中，一次只能测试一件新事物，以确定哪个选项对你的用户更有效。向一半的参与者展示页面的原始版本（称为控制页面），向另一半的参与者展示修改后的版本（称为试验页面）。

• A/B测试适用于哪些场景

在选择两个潜在解决方案时，A/B测试被用来替代直觉决策。A/B测试中的获胜方经常出乎意料或与直觉作出的决策相悖。测试的目标是确定哪个选项能产生更好的转化率，所以不要因为与你的主观判断不一致而拒绝结果。

在在线情况下，人们测试的内容类型千差万别。部分测试类型如下：

- 呼吁采取行动；
- 标题头条；
- 图像；
- 显示广告；
- 页面布局；
- 内容架构；
- 形式；
- 电子邮件副本；
- 登录页面。

你的研究重点应该依据你的产品/服务确定。例如，一家媒体公司可能想要提高读者数量以及读者在网站上花费的时间，并通过社交分享来扩大文章的阅读量。为了实现这些目标，这家媒体公司可能测试电子邮件注册模型、推荐内容和社交分享按钮的不同版本。一家旅行社可能希望增加其在网站或移动应用上完成的成功预订数量，或者可能希望增加额外购买的收入。为了改进以上指标，这家旅行社可能会测试可点击的主页横幅、搜索结果页面以及附加功能设计的不同版本。

再举一个例子，一家电子商务公司可能想增加已完成的签单数量、平均订单金额或销售量，这样它可能会测试主页促销、导航元素和结账通道组件等。而一家科技公司可能想要增加其销售团队的高质量领先优势，增加免费试用用户的数量，或者吸引某特定类型的买家，则这家公司可能会测试优势的组成成分、免费试用注册流程、主页信息推送及呼吁采取行动。

• A/B测试不适用于哪些领域

如果你想测试许多不同的特性，同一个页面上的不同的组合，这是一种多变量测试。A/B测试仅限于对一个或两个变量或者一个项目的不同版本进行测试，因此在评估多个变量时，测试效果将大打折扣。

A/B测试可以确定哪一种选项在某方面表现更佳，但它不能向你说明其背后的原因。如果你想了解为什么有些选项表现得更好，你可以使用多种研究方法来解决此问题。一个典型的例子是将A/B测试与干预性的可用性测试相结合，这样一来你就可以观察参与者使用你的产品或服务的全过程，并与他们讨论在特定的情景下这些选项的可用性。

• 何时采用A/B测试

当你想在两个变量之间进行选择时，A/B测试是非常有用的。在向访问者展示控制页面或试验页面时，他们每次的体验可以在一个分析仪表板中测量和收集，并通过一个统计引擎进行分析。然后你就可以确定哪次体验对访问者的行为有积极的影响、消极的影响或是无效的。

• 开展A/B测试所需要做的准备工作

开展A/B测试所需要做的准备工作除了学习理论方法，还要掌握分析技术，确认模式，并选择合适的对象（我们又回到了问题范围这个议题）。这是一种专业技能组合：如果你不是一个绩效分析师或者没有担任过类似的分析师的角色，那么你应该向你的组织中具有此方面工作经验的人学习。如果你无法做到这一点，你可以参考网站上的大量在线资源。例如，你的组织使用的是Google分析，那么你就可以获得大量的在线支持资源来帮助你学习（https://support.google.com/analytics#topic=3544906）。其他分析包也能向你提供类似的资源。你还可以参阅一些独立的在线分析课程，比如https://www.lynda.com/allcourses?f=meta_topic_facet%3aAnalytics。如果你的公司需要掌握分析技术，那么可以请咨询公司提供相应的培训。另外，如果你不是测试变量的设计人员，你还需要考虑与相关设计人员进行协调和协作。

总而言之，如果你还不熟悉分析过程，你的组织没有开展A/B测试，那么从头开始建立和运行A/B测试绝不是一件快速或简单的事情。这是一个迭代的过程，随着时间的推移，你会逐渐掌握该测试方法。

• 如何开展A/B测试

测试过程

定期开展A/B测试是一个非常好的主意。事实上，这是一个循环过程：重新设计、测试、重新设计并再次测试。与其他任何研究方法一样，需要遵循一个过程：

1. 收集数据：使用分析来获得信息。寻找出低转化率或高下降率的页面。你可能需要研究出新的内容、设计或概念，或者添加一个新特性等。

2. 确定目标：你的目标是确定比原来更成功的指标。目标对象包罗万象，从点击一个按钮到产品采购链接到电子邮件注册不等。

3. 设定假设：一旦你确定了目标，你就可以开始筹划A/B测试并设定假设，用来解释为什么你认为A比B更好。在测试结束时，你认为结果会是什么？一旦你心里有了准备，就会把重点放在那些预期实施过程中产生的影响以及遇到的困难方面。

4. 创建各种版本：你可以使用A/B测试软件来对你的产品/服务的某个元素进行修改。许多先进的A/B测试工具都有一个可视化编辑器，可以记录下这些变化。确保记录下你对每一个版本做出的修正。

5. 开展测试：你什么时候做测试？你是否需要考虑访客数量的高峰和低谷？你需要用多长时间完成？就测试的运行时间来说是没有定法的。A/B测试可不是一天就能完成的。根据你获得的流量大小，你可能希望运行几天或几周的测试，但是应注意一次只运行一个测试，这样才能获得最为准确的结果。应给测试留下足够的时间，否则可能得不到合理的结果，因为如果没有足够多的访问者，就无法保证统计数据的准确性。长时间运行A/B测试也可能会产生不正确的结果，因为在较长的时间内会出现许多很难控制的变量。对任何可能影响到你的测试结果的事情都需要多加注意，这样你就可以在检查结果时考虑到统计异常。如果你有任何疑问，重新进行测试也是完全合理的。考虑到A/B测试会对你研究的最终结果产生颠覆性的影响，所以花费几周的时间来进行测试是非常值得的。参加你的网站或应用的访问者将会被随机分配试用控制页面和试验页面。他们在每一次体验中的互动将会被测量、计数和比较，以确定哪一种页面运行得更好。

6. 解读结果：一旦你的测试结束，是时候分析结果了。如果结果显示你做了变化的试验页面明显占上风，那就开始启用此版本。如果没有，可以重复此过程。你使用的A/B测试软件会显示实验数据，并向你展示页面的两个版本是如何执行的，以及是否有统计意义。

大多数工具可以引导你完成测试的全过程。A/B测试最佳实践包括以下内容：

- **同时测试两个版本。**如果你这周测试一个版本，下周测试另一个版本，你就无法收集准确的数据，因为这两个版本并不是在相同的环境中测试的。保证在两种版本中流量均等。
- **保证有统计意义。**大多数的A/B测试工具都会表明统计意义。
- **向回访者展示相同的版本。**你的选择工具应该有一种机制，用来记住访问者所看到的变化。此种方式可以避免混乱，例如向同一个用户展示不同的价格或不同的促销优惠。
- **让你的A/B测试在整个网站上保持一致。**如果你正在测试一个出现在多个位置的注册按钮，那么访问者应该可以在网站的任何地方都可以看到这些相同的按钮。在第一页上放置一个按钮，在第二页上放置另一个按钮，将会影响测试结果。

· A/B测试工具

用于A/B测试的工具有很多，它们有着不同的侧重点、价格和功能集。如下这些可供你选择。像其他任何类型的工具一样，这些工具会随着时间的推移而发生改变，也会不断改进。如果A/B测试对你的研究有用，那么就可以多多关注此领域的发展。

谷歌分析优化器：https://www.google.com/analytics/

视觉网站优化器：https://vwo.com/

Unbounce：http://unbounce.com/

网络趋势优化：https://www.webtrends.com/ptoducts-solutions/optimization/

五秒测：http://fvesecondtest.com/

转换实验：https://www.convert.com/

Maxymser：https://www.oracle.com/marketingcloud/products/testing-and-optimization/index.html

Kissmetrics：https://www.kissmetrics.com/

Adobe Target：http://www.adobe.com/marketing-cloud/testing-targeting.html

15
第十五章

充分利用利益相关者研讨会

• 利益相关者研讨会是什么

利益相关者研讨会是一种将那些对你正在进行的项目感兴趣的人集中起来的一种研究方式。“利益相关者”既包括组织中那些对项目的完成起到关键作用的人员，也包括掌握专业知识和深入了解你工作领域的人员。这一术语还包括你的用户：他们希望你把事情做好，这样他们就可以做他们想做的及需要做的事情。

• 利益相关者研讨会适用于哪些情景

利益相关者研讨会的运行方式有很多，但是无论哪种方式，它们都有相同的目标和益处，例如可以让你组织内的潜在的持反对意见和不同目标的各方达成共识。它们可以用来建立对某些事物的共同理解。它们可以让利益相关者对项目的结果产生主人翁的感觉（对项目的开展也会有此种感觉）。

在项目中，利益相关者研讨会通常是重要的里程碑，包括某些项目的启动或者项目的决策点。在这些关键时刻，利益相关者保持一致性，避免冲突和误解是非常重要的。利益相关者研讨会对很多人来说既耗时又耗力，但是在收集信息方面占有优势，用此种方法一天内收集到的信息，如果使用其他方法可能会耗费几周或几个月的时间。

利益相关者研讨会鼓励利益相关者进行合作，产生观点，收集需求，起草设计和解决方案，在重要事件上达成一致意见，并识别风险和制约因素。小组互动能够产生比与利益相关者单独交流更好的效果。角色相同或不同的利益相关者在一起相互交流，可以提出一些自己永远不会想到的问题和观点。

• 利益相关者研讨会不适用于哪些情景

利益相关者研讨会不能用于收集有关观点和偏好的原始数据。利益相关者研讨会不是采用焦点小组的形式，最好不要把利益相关者研讨会应用于小组可用性测试中，因为它很难从中获得有用的信息，但是在展示发展生命周期中创建的原型及其他事物是有用的。利益相关者研讨会不会像在委员会会议中那样全员同意，参与者需要自愿参与各种活动，共同思考并达成共识（皮克林，2015）。

• 何时使用利益相关者研讨会

如果你阅读了上文中的“利益相关者研讨会适用于哪些情景”部

分，你可能已经形成了这样一种印象，即利益相关者研讨会可以用在一个项目的多个阶段，可以有助于实现多样性：

- 在项目初始阶段，就项目范围和目标达成一致意见。
- 在制定战略方向时，用于确定各事项的优先顺序，并确立时间轴。这应该在项目的早期完成。
- 当达到里程碑时形成报告，并形成下一阶段报告。
- 你需要多学科人才，这可能包括公司内部的具有不同专业知识的人员，也可以包括来自公司外部的用户群。

在发展生命周期中，在决定何时何地开展利益相关者研讨会时，需要考虑以下几个因素：

- **项目计划和预算：**对于较小的项目，由于时间限制，你只能举办一个全员参与的研讨会；在较大的项目中，你可能有足够多的时间举办多个研讨会。
- **项目规模和复杂性。**对于规模较大、较为复杂的项目，一个环节中就会涉及多个利益相关者，并涉及多个问题。在一个环节中，最理想的人数是12人。超过12人，研讨会就变得很难掌控，有些人会在讨论环节中被排除在外。话虽如此，我曾经与60个人一起参加研讨会，但这么大规模的研讨会需要组织不同的活动，并且需要招募多位助手来帮助你管理研讨会。
- 根据你从事的工作，你可以在不同的阶段运行不同类型的研讨会。

• 开展利益相关者研讨会所需要做的准备工作

利益相关者研讨会非常有用，但是需要投入大量的时间和资金。

需要花费一定的时间来培养管理研讨会并协同小组讨论等技能。虽然这些技能可以在工作中学习和实践，但是在最初阶段，可能需要充分准备和考虑。如果你管理一个多人的研讨会，要注意保持井井有条，并鼓励每个人都参与其中。无论参与者是谁，保证他们享有公平的参与机会。

你必须考虑到组织和准备所需的时间，特别是如果你想让几个忙于工作的人同时在同一个房间里完成任务的情况，更是如此。作为研究者，你需要投入时间和精力，组织、准备、运行以及分析数据。为了提高效率，参与者还需要参与到你组织的活动中。研讨会不是谈话俱乐部，而是专注于通过分享和创造有形的产出来鼓励创新。

• 如何运行利益相关者研讨会

在利益相关者研讨会准备过程中，应该完成如下事情：

- 回顾现有的研究和文档（你可能想在研讨会上与大家分享此方面的概述）；
- 深入了解你所从事的工作（了解你不熟悉的信息）；
- 在研讨会之前（或之后）访谈一些利益相关者，尤其是那些不能参加研讨会的人。研讨会之前开展的访谈有助于你了解利益相关者的态度和期望；研讨会之后开展的访谈可以让你更详细地探讨某些话题和问题。

规划和实践

准备工作是非常关键的。在研讨会开始之前，对每个要开展的活动都做好充分准备。研讨会需要互动，这不仅仅是你一言堂或者是让小组自由讨论。你将开展什么活动来实现你的目标？以下是成功运行研讨会的清单：

- 有一个明确的议程。确定研讨会目标：为什么你采用研讨会的方式，以及议程表中的内容。在研讨会开始之前（最好是发出邀请之前）与参与者分享这些信息，以确定他们的期望。如果你想让人们事先做一些准备工作，一定要给他们足够的时间去完成。
- 确定每次活动的时间，并遵守这个时间。进行创新讨论的时候，很容易超时。
- 尽量将研讨会的时间控制在3个小时左右。因为参与讨论非常辛苦，因此这3个小时还要包括休息和茶歇时间。提及此点，我曾经运行过一个一整天的研讨会，这非常艰难（对每个人都是如此），但还是可行的。试着将研讨会安排在午饭前或午饭后完成，30–60分钟的长时间休息时间会扼杀动力。
- 确保你能在研讨会开始前到达会场，这样你就可以事先做好一切准备工作。
- 独自运营一个研讨会是相当有难度的——主持与协调，获取信息，开展活动等。要成功举办一个研讨会需要两到三个人合力完成。
- 推行“无手机”政策，帮助参与者们专注于手头的工作。
- 研讨会中所有人都清楚地了解指令与输出。
- 通过提出问题来检查参与者们对问题的理解程度。
- 如可能，开展个人活动、小型活动和大型活动等不同规模的活动，这将会满足各种互动和思考方式的需求。
- 在开展小组活动时，每个小组中的成员应包括来自各个领域的代表，这样一来，平时不常打交道的参与者们可以进行较好的交流互动。

- 在研讨会中拍照，你也可以录制视频或录音。
- 在你撰写的关于研讨会的报告中插入照片是非常有用的。
- 在研讨会结束之际，将大家的意见汇总起来。在取走任何带有便利贴的文件时，要进行拍照，因为在搬运过程中会遗失。
- 关注用户：当各参与者对意见或优先事项无法达成共识时，需要将关注点转移到用户身上。需要在组织和用户需求之间保持平衡，然而往往用户需求占上风，可以打破僵局。

你想要运营什么样的研讨会

利益相关者研讨会可以在多种情况下使用。一般来说，任何类型的研讨会既可以发散也可以整合：把所有的想法和假设发散出去，把所有的想法整合成一些可实现的和一致的想法。

启动研讨会

在一个项目开展之初，或者是在项目中某个标新立异的阶段，都可以借用研讨会形式来确定研究范围和目标。在短短几个小时内，你可以让持有不同意见的各方在保留其各自的观点和目标的前提下，逐渐达成共识。启动研讨会是一个用以确定人们的思维、理解和假设的差异所在的极好的机会，把这些都摆在桌面上，为这个特定的项目或里程碑达成一个共同的理解。

参与研讨会（里程碑）

当达到一个里程碑时，分享已经取得的进展是一件非常好的事情（无论这些进展是积极的还是消极的）。这可以让参与者对已经完成的工作以及为之付出的努力产生一种主人翁的感受。即使对那些没有直接参与工作过程但对结果起到决定性作用的人来说也是如此。这是一个核查战略方向并确认优先级和时间轴的非常好的时机。

需求收集

利益相关者研讨会也是需要在发展生命周期的早期运行的一种方式。利益相关者研讨会通过分享相关领域的专业知识和信息，来收集假设，确定组织认定的需要达到的目标。如果你的组织对研究用户的重点尚不清楚，那么这是一个用来了解用户是谁（角色），他们的态度、行为、动机和需求的非常好的时机。在研讨会期间产生的任何需求和角色都应该通过后续的用户研究来验证。

设计研讨会

让研讨会内的专业人才，为你的项目草拟设计草稿。研讨会的对象不仅仅针对设计师或技术人员，还包括对如何开发事物有深入见解的其他人员。

合作设计研讨会

这也被称为“参与设计”，共同设计研讨会是你与用户一起来设计，这些用户可能出现在设计过程中的任何阶段。你可以与用户一起，共同探讨关于态度、动机、情景、偏好、需求和问题的见解和想法。你可以新创立或重新定义讨论结果，例如体验和体验图、场景和故事板等。讨论的内容不仅限于视觉设计，还可以探讨任何需要创建的东西，例如内容、过程和体验等。这样的研讨会可以突出显示出你的组织和用户之间的脱节问题（阿尼克，2015）。

内容研讨会

如果你是一个内容设计师或战略分析师，你可能已经开展过内容研讨会。如果不是此种情况，这绝对是你应该开始做的事情。内容研讨会可用于：

- 回顾内容风格、策略、工作流程和管理，并提出质疑。
- 同意采取一定措施来改进现有的内容，以及内容类型。
- 利用内容最佳实践和组织风格指南培训员工。
- 起草管理文档、风格指南，以及内容创建与改进工作流程。

出席研讨会的人选

你运行的研讨会种类决定了你所选择的人选。谁会贡献出你想要得到的信息？你正在从事何种活动？不要把所有的人都纳入到研讨会中，这反倒效果不佳。你需要有人帮你完成如下事情：

- 作出决策；
- 提供你所需要的信息；
- 有“影响力”的人，即你需要让这些人参与进来，以确保项目得到支持和资金支援等；
- 能够让事情正常运转的人（勤劳的人）。

研讨会的基本架构

- 介绍部分应该设定好当天的基调。它应该是热情的，让人倍感舒适的。介绍部分应明确说明你是谁、议程、目标以及出席人选。
- 到目前为止你所获得的信息（参与者、当前的情况、设计、你和其他人的研究、问题），这是可选的。
- 热身活动。
- 核心活动。
- 总结。尽量让你的总结听起来振奋人心、积极向上，这样当参与者们离开研讨会时，他们会感到精力充沛、收获满满。

• 研讨会工具

你在研讨会中所需要的工具取决于正在运行的研讨会方式。我所说的研讨会工具通常需要包括清单中的所有或部分项目（皮克林，2015；沙码，2012）。

- 便签纸。需要很多的便签纸，各种不同的颜色和尺寸的便签纸。
- 笔。不同的颜色和大小的笔。白板记号笔和三福记号笔。
- 纸。将已经说过的和同意的（或不同意的）事项，拟出草稿。
- 胶泥。用胶泥将东西贴在墙上，这样便于分享所收集到的信息。
- 活动挂图。同样，这是一种捕捉想法并与他人分享的好方法。
- 便利贴。用于投票和优先顺序排序。
- 相机。照片对于记录在研讨会中所发生的事情非常有用。如下可选：用于拍摄研讨会的摄像机。
- 举办研讨会的合适空间。空间大，能够让参与者四处走动。在理想的情况下，不要选择办公室，也不要选择不能使用便利贴的房间。

- 茶歇点心。

便利贴

捕捉信息的一种简单方法。

一张便利贴只记录一个想法，有助于摒弃杂念，专注一事。

便于移动和分组。

便利贴是用户研究的绝佳伴侣。

16
第十六章

游击研究：在现实世界中开展快节奏研究

• 什么是游击研究

游击研究是一种快捷、灵活、低成本的研究方法，是一种可以“说做就做”的研究方法（万无一失，2014）。游击研究意味着你“在咖啡馆或公共场所找一些无同伴的人，（然后）请求他们耽误几分钟的时间使用网站，并对使用过程进行拍摄”（贝兰姆，2010）。

• 游击研究适用于哪些情景

游击研究用处较大，其中有很多原因：

- 低成本。
- 很快就可以得到结果。
- 能迅速解决小规模的设计问题。
- 可以让更多人加入到团队中参与研究。

- 有助于你理解实景场景下的应用情况，特别是在户外测试移动设备更是如此。
- 突如其来的研究有助于人们坦诚对待。

• 游击研究不适用于哪些情景

因为游击研究是一种快捷的非正式的研究方式，它只能泛泛地提供笼统的信息，通过游击研究获得参与者真实详尽的信息还是比较困难的。所以，你还需要考虑：

- 环境因素带来的不便，比如天气因素。
- 人们日常生活中会有很多事情分散他们的注意力。
- 在研究过程中可能会遇到技术问题。

• 何时采用游击研究

游击研究无法细化，也不够严谨，所以不能成为研究唯一的数据来源。在研究早期阶段探索问题和寻找机遇时，游击研究可以用来收集充足的信息以便做出明智的决定。游击研究还可以帮助你增强理解，并为深入的研究和设计建立初步假设（万无一失，2014）。

• 开展游击研究所需要做的准备工作

你熟悉了用户研究的基本原理后，很快就可以开展游击研究了。你还需要做一些准备，以便有重点地开展研究。你的准备方案需要能够灵活应对各种意外情况，因为游击研究的结构化和可控性较之其他研究方法差许多。因此，熟悉你正在测试的内容以及你使用的范式（无论是采用数字设备，还是采用纸质方式）是非常有用的。

坦白地说，对我而言使用游击研究一个最大的技术障碍是在大街上或在一个活动中冒昧地上前拦人。我认为向陌生人寻求帮助并非易事。若是有两个人运行此研究，一个人负责招募，另一个人负责研究，我肯定会毫不犹豫地选择后者。

• 如何开展游击研究

如下是一些你可以采用的游击研究的方法。

游击可用性测试

游击研究的本质是要求你去主动寻找用户，而不是让他们来找你。你可以把你的产品或服务放在笔记本电脑、手机或速写板上，到你的用户可能出现的地方，寻找他们。

实境用户访谈

实境用户访谈是到用户熟悉的环境中对其进行简短访谈：可能是在他们家中，或者在他们的工作场所等等。以这种方式进行访谈可以让你了解用户的环境是如何影响他们使用你的产品或服务的。

精简版人类学

人类学观察是捕捉现实生活中某种事物的一种非常好的方式。你无需过多关注笔记的形式。大多数时候，你的随手涂鸦就可以达到非常好的效果：它只是用来触发记忆的，你可以把这些记忆转化为信息和行动。

招募人员和开展有效的游击研究的技巧

成功源于好的规划。为实现你的研究目标，列出一个需要商讨的问题或任务清单。在访谈时优先询问列表中的任务/问题，因为你们是初次接触，你对他们能回答多少问题以及他们愿意接受你访谈的时间，都不曾得知。预先设定好你想要得到的数据。当然，总会有一些你无法预料的事情发生，所以在有限的研究时间中集中注意力是非常有帮助的。标注出需要最优先考虑的问题、任务完成度（如果你做的是可用性测试），等等。

准备一个简短的介绍，可以向参与者快速传达你正在做的事情，以及想让他们参与进来的原因。你需要一份关于道德和法律内容的精简版（可以参见第二章内容），还需要向参与者解释该研究的运行方式。

根据你想招募的目标群体，仔细选择地点。在上前与参与者搭话之前，对他们的肢体语言和行为进行评估。在街道、咖啡馆或会议大厅里贸然向他人打招呼还是相当有挑战性的。有时结果会让人倍感沮丧，但是你需要做的是坚持，坚持，再坚持！

使用游击研究需要灵活：根据事情的发展方向，衡量、巩固、调整你的策略。与在实验室里所做的研究相比，这种研究在迭代方面更胜一筹。并且，一定要简短——不宜超过15分钟——并且还要保持它的随意性。如果合适，可以给参与者提供食物和/或咖啡，以表示对他们所付出时间的感谢。

• 游击研究工具

游击研究所需的工具实际上取决于你所测试的内容。你可能需要一个数码设备或者一个纸质笔记本。一般来说，最好不要随身携带太多设备，并一一向参与者展示。要保持低调。你可以采用视频、音频和摄影等方式（但这是可选的）。游击研究可以让你获得关于真实用户的极为有意思的故事。然而，以这种方式收集数据有时也不合适，因为有时人们会不愿参与其中。

17 第十七章

如何将各种用户研究方法结合起来

正如我前面提到的，用户研究是一个迭代的、持续的过程。在整个开发生命周期中，无论你从事什么工作，无论是处在哪个发展阶段，总能从各种方法中找到合适的方法。对于研究方法的组合，是没有定法的。但是我将在这里概述一下一些常见的工作方式，抛砖引玉，为大家开展方法组合提供参考。

• 从何处下手开展用户研究

如果你的组织不习惯开展用户研究，那么你可能会在获得时间、资源和预算来完成相关工作方面遇到一系列困难。我自己就曾经历过此种情况。我知道在理论阶段，获得对某件事的支持是非常困难的，也就是说，从理论上讲，研究将会使组织/项目受益。而且，人们可能不愿意承认你的产品或服务存在问题。根据我的经验，获得用户研究的最好方法是向人们展示它能做什么——但在你做一些实际的研究之前，你不能这么做，对吧？这确实是一个棘手的情况。

使用游击研究来启动这个过程

这是开展一些游击研究的好时机（详见第十六章）。你可以快速采用非正式的方式收集到一些初步的证据和信息，用以证明：

- 用户体验遇到的问题。
- 用户对某个主题的思考和感受，这可能与组织的立场不一致。
- 现实世界中人们的行为和做事方式。
- 一些关于如何进步和改进的洞见。

让事实而非观点说话

根据我的经验，证据是倡导用户研究的最有力的方式。

向同事们展示你从快捷而非正式的研究中获得的信息，是赢得对更深入、更有条理的研究的支持的非常好的一种方式。你可以开展游击研究，将其作为一种商业工具，让大家了解用户研究，以达到窥一斑而见全豹的效果。

案例分析　游击研究示例

我当时正在做一个网站再开发项目，这个网站已经有很多年都没有发生过任何变化了。这个组织对敏捷和以用户为中心的工作方式几乎没有概念，我简直就是一个孤军奋战的战士！

该组织给出的预算足以负担得起与外部机构合作完成大部分最初的

（探索）研究，了解用户是谁，他们需要什么，以及必须做什么。然而，如果对所有潜在的主要用户都开展研究，则会预算不足。我们将如何选择参与者呢？

人们认为，大量的内部受众以及他们的需求是这个公共网站最重要的群体。我有一种预感，但没有证据证明这并不是一个有效的假设：我们真的不知道他们需要什么样的，他们是如何完成他们的任务，或者他们可能遇到的问题，以及他们的心智模型是什么。我自己做了一些关于这些受众的游击用户研究。在两周的时间里，我访问了英国的3个不同的地点，对15个人进行了采访、可用性测试和卡片分类方式研究。两周研究结束后，我对这些内部用户有了如下的见解：

- 他们完成了什么任务。
- 他们是如何完成这些任务的。
- 他们所遇到的问题。
- 他们的心智模型以及他们如何将信息进行关联和分类。

所有这些将是启动主要项目工作的有用基础。我了解到的最关键的一点是，大多数用户都没有使用这个网站！只有一小部分人在使用它，即便使用，他们也是在特定的时间敏感的环境中不定期地使用。他们使用其他的方法来完成他们需要做的事情，因此这些人应该归类于次要的受众，而不是主要的受众。

这个游击研究帮助我决定哪些受众应该包括在内，哪些应该排除在外。完成这些的所有花费就是我的时间和精力，再加上差旅费。

当游击研究不适合时该怎么办

游击研究不能适用于所有的情况和环境，一个典型的例子就是在医院里开展研究。在这种情况下，你可以做一些案头研究：是否有人发表过关于一个类似的组织或情况的研究，说明用户研究是如何开展的，以及取得的成就。

你可能发现，在你所在的领域/行业中，跟你类似的组织也经历过类似的问题，且成功完成了一些用户研究并从中受益。向组织展示这些事例是非常有用的。它不仅表明了开展游击研究是可行的，还表明开展此类研究的组织是有竞争优势的。

将游击研究与案头研究相结合

有什么比一个证据更好呢？多个证据！如果可以的话，多做一些游击研究来展示你能做些什么，并将这与其他人在相关领域发表的证据结合起来。我希望这能帮助你在开展正式的用户研究时获得支持。

• 常见的研究场景和研究方法组合

开发和/或改进产品或服务

无论你是在构建一套全新的东西，还是改进现有的不理想的东西，都可以使用类似的迭代方法。表17.1向大家展示了在各种场景中均可使用的研究方法。

表17.1　开发和/或改进产品或服务——研究方法组合

步骤	方法	场景与说明
1	利益相关者研讨会（第十五章）	项目开始时，将所有相关人员召集在一起，分享掌握的现状，就研究项目范围达成一致，收集大家的初步需求。

（续表）

步骤	方法	场景与说明
2	用户访谈（第九章）或者情景调查（第十三章）	一旦内部对研究范围达成了一致，是时候从真正的用户那里得到反馈及意见了。我采用的研究方法是用户访谈和情景调查，但这还是要以你所从事的工作为准。最终，你采用研讨会的方式来验证（推翻）利益相关者的假设，了解用户的行为以及遇到的困难。
3	设计原型	将第一步和第二步所得到的信息汇总在一起，制定新的产品/服务草案，起草几种可供选择的方案。
4	可用性测试（第五章）	在你开展用户研究测试这些方案是否有效之前，不要在设计与构建方面花费太多时间。
5	迭代	从可用性测试中获得的建议应该用于改进原型，这应该在此验证这些改变的有效性。一旦全新或者改进的产品/服务发行之后，新一轮的建议、改善、验证又开始了。

重构内容和结构

表17.2向大家展示了一个案例，用以说明在内容和信息架构开发（和改进）迭代研究中所使用的方法。

表17.2　重构内容和结构——研究方法组合（方案1）

步骤	方法	场景与说明
1	可用性测试（第五章）	对于现有的服务，通过分析和反馈能够确认问题所在，但你一定想知道为什么会存在此问题，以便进行深入研究。无论你从事的是数字化项目还是非数字化项目，你都可以开展一些可用性测试。让人们完成一些任务，你就可以对用户以及他们体验中遇到的问题进行观察了。

（续表）

步骤	方法	场景与说明
2	封闭式卡片分类（第七章）	想象一下这样的场景，你已经确定产品的某些部分的标签和架构，但是这些标签和架构与用户的想法不一致。你已经对解决这些问题的方法了如指掌。你可以开展一个封闭式的卡片分类（卡片事先已分类），来查看新的标签和架构能否被小样本的用户群体所接受。
3	起草信息架构	从封闭式卡片分类研究中获得的信息可以帮助你修复最初出现的问题，并创立一个信息架构草稿。
4	树形测试（信息架构确认）（第十一章）	用较大的用户样本对信息架构草稿进行测试（可以使用类似最佳研讨会中的Treejack工具）
5	内容测试（第六章）	你可以开展内容测试，用以测试用户对内容的理解。如果到目前为止，用户对组织使用的语言尚不理解，那么此测试是非常有用的。

正如我在上文中所提到的，在迭代研究中如何将方法结合起来是没有定法的，这取决于所处的情境以及你所从事的工作。因此，我在内容和结构改进项目中列举了另一个示例（详见表17.3）。

表17.3　重构内容和结构——研究方法组合（方案2）

步骤	方法	场景与说明
1	内容测试（第六章）	你（从一线员工/电话中心员工/调查等）获得了没有得到验证的反馈。这其中的一些内容让人困惑。你可以开展内容测试，收集证据，来证明是因为关键内容的缺失，才导致了用户难以完成任务。

（续表）

步骤	方法	场景与说明
2	开放式卡片分类（第七章）	你的团队已经确认好需要撰写的新内容，并对这些内容的首字母缩写达成一致意见。在起草新内容时，你可以开展开放式卡片分类研究，以便了解用户是如何对新内容进行分类的，以及他们是否理解草案标签。
3	内容测试（第六章）	草案内容可以在用户中进行测试。他们是否能够理解这些内容？他们能够根据自己的理解采取相应的行动吗？
4	封闭式卡片分类（第七章）	基于开放式卡片分类和内容测试获得的信息，你可以在小规模用户群中开展封闭式卡片分类研究，来检验一下新的标签是否适合他们。
5	树形测试（信息架构确认）（第十一章）	根据封闭式卡片分类结果构建的信息架构草稿，再用较大的用户样本对该草稿进行测试（使用类似最佳研讨会中的Treejack工具）。
6	内容测试（第六章）和/或可用性测试（第五章）	对新内容进行迭代测试，开展研究（例如可用性测试），将新架构与新内容（包括现有内容）相结合，以验证在真实的任务环境下是否整体有效。

确定新概念是否值得投资

无论你是在探索问题所在，还是正在尝试确定是否对新的东西进行投资，你很可能从宽泛的研究入手，然后逐渐聚焦（如图17.1所示）。表17.4向大家展示了一个在研究中从询问宽泛问题到具体问题的示例。

小结

我们已经讨论了一些关于如何在项目生命周期中组合不同研究方法的场景。选择正确的研究方法以及将这些方法进行组合取决于你在每个阶段想要达到的目标。

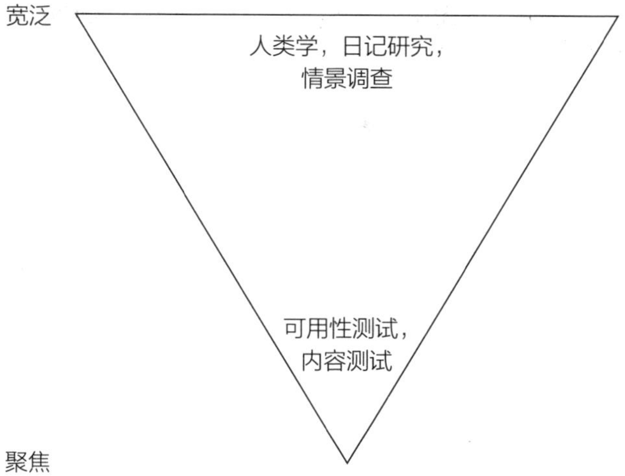

图17.1　从宽泛研究到聚焦研究的可视图以及可用的研究方法示例

表17.4　开发一个新概念——整合各研究方法

步骤	方法	场景与说明
1	利益相关者研讨会(第十五章)	你可以从研讨会入手，分享其他领域中类似概念的例子，产生一些想法，就新概念的最初的应用范围达成共识。
2	人类学（第十二章），日记研究（第十章），情景调查（第十三章）	根据你的时间安排，你可以选择适于提出宽泛问题的用户研究方法，确定在真实世界中某个特定的场景下，事情是如何运行的。
3	利益相关者研讨会（第十五章）	你可以和利益相关者进行沟通，分享从宽泛研究中获得的信息，并就未来的方向达成一致意见。
4	原型	假如研究表明采用此新概念是值得的，你可以草拟出这些观点。
5	可用性测试（第五章）	你可能想在最初阶段就从用户那里获得他们对你的观点的反馈，例如可以针对纸质原型及脚本草稿开展一些可用性测试。

（续表）

步骤	方法	场景与说明
6	迭代	随着工作的开展，原型变得越来越清晰，你可以继续开展迭代研究。在某一阶段，你可能会开展共同设计研讨会（与最终用户一起设计），通过回顾或者展示说明活动与利益相关者进行定期交流。

要记住的关键点是，没有一种方法可以解决所有问题，也就是说没有一种方法是万能的。这也意味着，如果你要承担迭代用户研究的责任，你就要学会如何使用多种研究方法。这听起来可能有点可怕，但我们人类擅长学习，你从一项研究中获得的经验可以用于采用不同方法的另一项研究中。学习新方法仍遵循一个学习曲线，但学习曲线不会特别陡峭。每次开展用户研究，你就会学到关于方法论本身以及研究主题的新内容。这正是我喜欢开展用户研究的诸多原因之一。

• 第二部分总结

我认为你已经掌握了与你的研究需求相关的一两种方法。你可能已经决定好了要开展什么样的研究，并已经着手为之准备。即使你还没有开始准备或者尚未完全确定研究类型，我仍希望这是进行用户研究的有益的体验。我们讲述的内容概要如下：

- 可用性测试；
- 内容测试；
- 卡片分类；
- 调查；

- 访谈；
- 日记研究；
- 信息架构验证；
- 人类学和移动人类学；
- 情景调查；
- A/B测试；
- 利益相关者研讨会；
- 游击研究；
- 混合式方法。

就像方法论本身并不是故事的开始一样，它们也不是最终的结局。现在我们掌握了如何对人类进行研究的各种方法，在第三部分中，我们将学习如何处理你收集的数据。

3

| 第三部分 |

分析和呈现数据

ANALYSING AND PRESENTING
YOUR DATA

既然你已经完成了研究，那你手头应该收集了海量数据，你需要做的是如何处理这些数据：不仅是如何分析数据，还包括分享结果，从而产生最有效的影响。处理数据所采用的方法取决于如下几个因素：

- 研究目的。
- 研究类型。
- 研究结果的受众。
- 时间和所掌握的资源。

我们接下来要探讨的内容分别是：

- **内容分析**：对大量定性数据进行理解和编码。
- **确定主题（亲密关系图）**：你发现的问题/信息是否相互关联？
- **整理并对问题进行排序**：一旦你收集了足够的证据，就可以确定哪些是较为严重的问题。
- **创建用户需求心愿单并记录用户故事**：这是一种较为简洁的方式，可以总结用户是谁，他们想要做什么，以及他们想要达到什么目标。

大家倾向于在数据分析形式上花费很长时间，从而让数据分析看起来很漂亮，然而，这可能不是你应该下功夫的地方。的确，漂亮的数据和报告可以引起“不懂行”的利益相关者的重视，但是我们优先考虑的是报告的内容而非形式。在你着手开展看似没完没了的输出设计时，一定确保你已经完成了所有正确的分析，并且对你想要讲述的故事胸有成竹。为了让你给出的结果易于阅读和理解，做出一定的努力是非常值得的，但是满屏条理混乱、过于精美的图片就有些过度了。我们要讨论的呈现方式主要如下：

- **执行概要和详细报告：**不同的利益相关者用于理解研究内容的时间会有较大差异。我们应该在详细程度上有所区分，以向不同的利益相关者提供不同程度的细节。
- **角色模型和心智模型：**这些模型用来描述你的用户组是谁，他们对某些主题的看法和感受，此种方式有助于发现差距，识别机会。
- **视频回放：**录制特定主题的视频也是一种有效的沟通方式。
- **客户体验图：**从用户的角度绘制客户体验图，将用户体验可视化。
- **场景和故事板：**与可视化体验图相比，此种方式能够更详细地探讨你的产品或服务的使用情况。这种方式经常与角色模型相结合，对一个特定的用户组的典型或理想的体验进行描述。
- **信息图：**这可以让大家获取数字和统计信息。
- **完善设计：**如何改变信息架构、交互设计和视觉设计。

18
第十八章

内容分析：
编码方法及解读定性数据

表18.1 内容分析方法小结

方法小结
适用于从以下渠道获得的数据：定性方法，如访谈、情景调查、人类学和日记研究、可用性测试等；也可以在敏捷和精益的环境中使用。
在以下情况下可以使用内容分析：分析、理解大量的定性数据。

我们在第六章中已经探讨过内容测试，但是内容分析并不局限于分析你撰写的书面内容是否有效：它可以提供一些技术来帮助你掌握大量的半结构化数据并对收集的数据进行解读。内容分析是一种对定性数据进行编纂和分类的方法。

• 如何进行内容分析

1. **首先你要了解你的数据。**如果时间允许，重读和复听你需要掌握的内容。

2. 确定被编码的数据。你可能想获得整个数据集的副本，或者你可能想把不同的问题（例如：访谈获得的数据）汇集在不同的数据集中。这取决于你的研究目的以及研究主题的集中性和宽泛性。

3. 设立与数据集相对应的分组。设立分组，分组可通过参考研究目标（预先设定的类别分组）及浏览部分数据（临时设定的类别分组）来实现。所做的分组应该是全面的、相互排斥的，这其中可能还需要包括非实例类别，即那些期望发生但没有发生的类别。

4. 确保其他人能够理解这些分组。因为你处理的数据经常是对话的脚本，所以类别名称可能会带有主观色彩，例如，与情绪有关。你所做的分类需要描述清楚，也要得到认可。如果开展组内分析，你还应该就是否使用某些词的同义词征得大家同意。

5. 对数据进行分类。确定主题：想法、概念、行为、互动、事件、术语或短语。被编码的数据片段可以是一个句子或一个片段（一般情况下不太可能是整段内容）。它是一个与某个主题相关的词序列。给出应急类别的名称并确定它们每次的使用情况。不断查看这些应急类别，以确保它们是相互排斥且彼此连贯的。确定预先设置的类别的使用情况。在对数据进行编码时，你可能还要设定子类别。

6. 对每个类别中的示例进行计数。这可以显示出各类信息的重要性差异。如果手动进行这种分析，为提高可靠性起见，可找多人对数据进行编码。你可能需要对单个数据集进行多次分析，直到类别列表稳定为止。

7. 确定类别分组内部及分组之间的模式与联系。为每个分组撰写一个用以表达其关键思想的摘要是非常有必要的，借此回顾各小组之间的关系。是否有些分组总是同时发生？你可能想通过创建一个表格或者矩阵来说明两个或多个类别之间的关系。

8. 反思其中的含义。你学到了什么？得到了哪些主要的教训？让使用评估结果的人最感兴趣的是什么？（参考泰勒·鲍威尔和雷诺2003年创立的方式）

你可能想知道内容分析类别（代码模式）的样子。表18.2向大家展示了一个研究问题的示例：在一个模拟夏季项目中，向学生问道“暑期戏剧研讨会会有哪些益处”。（此例子是根据泰勒·鲍威尔和雷诺2003年开展研究的真实案例改编而来的。）

表18.2 编码方案示例

分类	子类别	缩写
增加表演知识		A
	提高表演技能	AIS
	提高自信心	AIC
	更好地认识自我	ASB
	增加使用方法种类	ARM
增加流派知识		G
	了解讲述故事方案	GUS
与同事共同合作		P
	相互学习经验	PLE
与专家共事		E
	角色模型	ERM
	向专家学习	ELE

软件和工具

当我还是博士生的时候，我是动手完成此类分析的。这非常耗时，在数据量大的情况下更是如此。对于小规模的数据集来说，人工完成是非常可行的，因为这样可以真正了解此分析方式是如何运行的。对于大规模的数据集或者时间紧张的项目，就可以借用一些工具和软件来完成分析，例如：最佳研讨会（Optimal Workshop）提供的工具（https://www.optimalworkshop.com/reframer）以及NVivo提供的工具（http://www.qsrinternational.com/product）。这些都是帮助你开展定性数据分析的强有力的工具（不仅针对文本内容，也针对所有内容），它们可以帮助你实现分析数据的可视化。

• 内容分析的优点

内容分析是对定性数据进行量化的一种方式：

- 聚焦文本，识别术语使用情况和出现频率。
- 如果采用人工分析方式，成本相对会较低。尽管在大量文本信息的情况下，这种方式是非常耗费劳力的，但是人工分析可以开展小组活动，集体完成，这种方式与敏捷和精益的工作环境是十分吻合的。
- 如果系统地开展分析，此种方式得到的结果是非常可靠的。
- 它可以被改编成图像、视频和音频（Get Revising，2013）

• 内容分析的缺点

有可能会遗漏重要的主题，因为它们没有包含在你的代码模式中。结果的可靠性和有效性与你创建的类别的质量以及它们的解读方式是密切相关的。

19 第十九章

亲和图法：通过识别主题来解读数据

表19.1 亲和图方法小结

方法小结
亲和图适用于从以下渠道获得的数据：可用性测试、访谈、日记研究、定性调查结果、人类学、情景调查、游击研究等。 **可在以下情况中使用：** • 识别用户功能并对其进行分组是设计的部分内容。 • 显示出问题的范围。 • 发现多名用户所反映的问题的相似之处。 • 对问题进行界定。 • 确定未来的研究领域。 • 如果使用正确，它可以用来创建角色（在第二十二章中讨论）。 • 作为一种头脑风暴工具，让小组把产生的想法、假设和预测汇总起来。 • 让设计团队充分考虑到用户的主要痛点、关注点和需求。 • 产生信息架构相关的想法，且这些想法是无法通过卡片分类方法得到的。 这种方法适用于敏捷和精益的工作方式。

当你想从定性数据中提炼出某种模式时，亲和图（也称为关联映射）是非常有用的。在便签上写明想法，并围绕主题进行分组，可以从大量的定性数据中识别出模式，凝练出见解。亲和图是一种参与式的方法（是一种团队合作方法，而不是孤立开展的）。此种方法，作为分析的一部分，可以在任何能生成定性数据的用户研究方法中使用。

内容分析和亲和图是两种非常相似的方法。内容分析可能会更“严谨”，尤其是借用软件来完成时更是如此，并且内容分析可以由单个人来完成。亲和图是一种可视化的分析方法，通过协作，手动将数据块移动到各分组中。

• 如何开展亲和图

将个人和团队合作结合起来

- 浏览所有的数据，并突出显示与项目目的相关的有趣的内容。
- 在便利贴上写下每一个独立的数据。
- 在此阶段，将相似主题之间的细微差别也标注在便利贴上；从整体上对此问题进行进一步的分析。

• 通过小组合作进行分析

- 你可以选择与你现有的团队一起完成分析，即那些直接从事产品/服务工作的团队，也可以与更多的利益相关者一起完成。所选择的方式取决于你在项目中所处的位置。
- 向小组成员分享所有的原始数据。
- 让每个参与者重点标记出与项目目的相关的离散数据。

- 可选项，且在时间允许的情况下：当所有的数据集被再次审查时，让参与者相互交换结果，查看其他人的初始分析，重点标记他们认为与之相关的其他内容（以不同的颜色标记，以显示差异所在。你可能有时间进行回顾，也可能没有时间来做）。
- 可选项：现在这个小组对数据越来越熟悉了，如果时间允许的话，可以让各成员讨论差异以及为什么有些人觉得此项非常重要，而另一些人则认为此项意义不大。此举可能将人们对研究的假设或优先事项排序情况，以及在小组中讨论和澄清的结果公之于众。这也表明开展进一步探讨的必要性。
- 也可以让各组再次交换数据，写出每一个离散的数据片段（已经被突出显示）或者写出他们突出标记了的离散数据片段。
- 对于某些类型的数据/研究/目标（如下文所述），在便利贴上标注出数据来源或者使用不同颜色的便利贴来标注不同的数据来源，这种方式是非常有效的。

• 把这些数据整合在一起

- 你可能需要花费几个小时来开展小组活动（时间的长短取决于数据集的大小，以及你是否从较大的数据集中提取某种特殊的数据片段，或者你是否在为小组活动的汇报做准备工作）。
- 在小组会议活动开始时，向各组员说明小组活动的目的以及整个项目的目标，以帮助大家了解他们接下来要做的事情的背景。
- 一旦所有的数据都列在便利贴上后（不管这在小组活动之前是采用个人还是团队形式完成），向每位参与者提供相同数量的便利贴

（尽量打乱顺序）。

- 邀请一个参与者小组开始分组活动。让他们读出来，把每个便利贴贴在墙上（或者其他的用来做分组的工具，比如一张大桌子）。如果可能的话，让他们首先对类似的事情进行分组，并解释为什么把这些东西归为一组。

- 每位参与者都应该遵循同样的程序，查看每个数据，并解释他或她将会把数据放在哪一组，以及这么分类的原因。

- 鼓励和支持关于分组的建设性讨论和问题，以便在此过程中达成共识。

- 如果出现重复摆放或者便利贴归类有差异的现象，你需要讨论这些便利贴描述的是相同的东西还是不同的东西。如果对同一个事情存在多个版本的描述，那么要保证大家就最终版本达成共识。（它可能需要写一个新的便利贴，把各种版本描述的要点整理下来，或者可以挑选一个描述最好的便利贴。）

- 根据总体数据集的大小和出现的组数，你可以先对某个组别进行临时命名，以便更容易地跟踪。

- 一旦所有的数据都被分类成组，依次查看每个组的情况，读出组中的所有内容。可能会有一些数据在讨论后转移到另一个组。每个小组都有一致性吗？如果一个群体包括的范围太广，你可能需要把它拆分开来，提高群组的一致性。

- 一旦群组稳定下来，就开始对其命名。描述群组的组成，通过干预性的访谈达成一致意见。

- 某些组中可能会包含层次结构，但是在分组相对稳定后再考虑这个问题。尽量避免在分组过程中过早地加入一些额外的考虑，这无形中会增加分组的复杂性：可能会限制你的思维和创造力。

- 给每个小组拍照，这样你就可以创建和分享有代表性的东西（这可以用PowerPoint这样简单的程序来完成）。

亲和图是一个相对简单的过程，但是需要花费大量的时间将大量的文本数据分解成信息单元，在你有多个数据来源的情况下更是如此。较大规模的亲和图项目可能需要花费数小时甚至数天才能完成，并且对生成的数据组的解读也需要耗费大量的精力。

• 亲和图的优点

- 让所有团队成员参与进来，这有助于每个人都有一种贡献了数据的成就感。
- 帮助建立和谐的团队。
- 将大量的数据整合到有意义的组群和主题中。

• 亲和图的缺点

亲和图非常耗时。这有时会让人觉得筋疲力尽（贝文等，2009）。如果是首次使用亲和图及其他形式的分类分析方法，你需要及时做出规划，亲自对这些数据进行分析，确保在进行分析时，所有的数据都被包括在内。让团队成员参与进来，一起开展组别分析也是非常有用的，可以让大家深入了解正在发生的事情。并且，小组可能会识别出你自己没有发现的东西。但无论如何，通常都需要开展额外的分析。

20
第二十章

对问题和用户需求按照轻重缓急排序

对问题和用户需求按轻重缓急排序，即关注和分析什么是重要的，接下来需要做什么？

表20.1　方法小结

方法小结
此种方法适用于从以下渠道获得的数据： • 可干预性的面对面用户测试 • 可干预性的远程用户测试 • 非干预性的面对面测试 • 游击研究（用户测试） **其他数据来源：** • 情景调查 • 人类学 • 日记研究 • 内容测试 这种方法适用于敏捷和精益的工作方式。 **此种方法用于以下情形：**从你的数据中识别可用性问题和用户需求。

如果你的工作目标是识别和确定问题的优先级，你所采用的过程方式取决于你收集的是定性数据还是定量数据，还是两者都有。

• 从定性数据中提炼问题

你可能会有大量的笔记，上面记录着你所观察到的事情，以及参与者所说的事情。在每个研究环节结束后回顾这些数据，归纳和确定关键主题，这是非常有用的。一旦所有的研究环节都完成后，你就可以使用类似于内容分析章节中描述的分析过程对数据进行分析。

1. **首先了解你掌握的数据：** 如果时间允许，重新阅读或复听任何你应该熟悉的内容。

2. **找出每一份文字记录中的所有问题：** 此时不需要对它们进行分类或计数。

3. **将类似的问题汇集在一起：** 你可以使用一些软件帮助你完成此任务，例如Reframer（optimalworkshop.com），或者在便利贴上写下问题（每张便利贴只写一个问题），然后创建组群（可参考第十九章中对亲和图的讲解部分）。

4. **识别组内和组间的模式和连接：** 你可能还需要参照原始记录（如果有的话），以了解到底是用不同的表达方式描述了相同的问题（在不同的研究环节中），还是它们之间确实存在细微的差异。已经识别的问题有哪些相似之处和不同之处？各群组之间的关系是什么？是否有些群组会同时发生？如果是这样，这些群组之间是否存在因果关系。

5. **对分在每个组中的实例进行计数：** 这是用来显示问题的重要性的一种方法。

6. 充分考虑实境：你可能会遇到一些非常重要（或至关重要）但是不经常出现的问题。这种情况有时会发生在定性研究中，因为用户完成任务的方式是存在差异的。如果对一个或两个参与者来说，某问题是严重的，那么就值得考虑一下它的重要性。这只是对他们来说是个问题，还是对所有其他人来说都是令人困惑的问题。你可以把它展示给别人，自己进行复制或者让其他人进行复制。如果你不确定，你可能需要对这个领域做更多的研究。你应该观察到参与者在任务中是否需要你的帮助，这将有助于你确定问题的严重性。

7. 对问题进行优先顺序排序：一旦你列出了全面的问题清单，那就需要对他们进行优先顺序排序。首先要解决的最重要的事情是什么？你可以创建一个表格来对问题进行编目，例如表20.2中所展示的示例（你可以在此基础上进一步简化，但是用于解决问题方面的成本是不可以省的）。一张更复杂的表格可能更能满足你的需要：不仅仅是编号问题，而是重点突出它们之间的关系。

表20.2　为你的用户需求事项编目录

事项	优先级	事项描述	建议	修复成本

在接下来的章节中，我们将探讨呈现数据的其他方法，这些方法帮助你把问题活灵活现地展现在你的预期（内部）受众面前。

用户需求待办事项以及编写用户故事和需求

用户故事用来描述用户，以及用户为什么需要使用你正在构建的产品或服务。用户故事是为了追踪你需要做什么，从用户的角度思考和谈论你的工作，并对工作进行优先顺序排序（政府数字服务，2016）。

在敏捷环境下发展生命周期中，在某个时间节点，每个用户的故事都应该“完成”，且完全完成，然后继续开展下一个用户故事。用户需求从未真正“满足”，我们只能满足其部分需求。用户需求通常按照以下格式编写：

我需要/想要/期望……［用户想要做什么］?

那么，……［为什么用户想要这么做呢］?

如果有帮助，你可以进一步补充：

作为……［哪种类型的用户有这种需求］?

何时……［是什么触发了用户的需求］?

因为……［用户是否受到环境因素的限制］?

用户需求是从个人的角度出发撰写的，所以需要采用用户能够识别且为他们所用的语言。关注那些对你的用户来说最为重要的东西，这样你就不会创建出一个无法运行的需求列表。此外，还可以帮助你根据角色、产品/服务的阶段，以及其他相关的主题对用户需求进行分组。

用户需求往往是高水平的、涵盖范围较大的，并且会随着时间的推移逐渐稳定。你可以使用这些用户需求来编写用户故事。用户故事用来描述一个具体的特性（内容、功能等），并且应该包括足够的信息让你的产品经理来决定这个故事的重要性。用户故事应该包括使用服务的人（参与者），用户需要的服务（叙述故事），以及为什么用户需要它（目标）。用户故事通常以以下这种格式编写：

作为……［用户是谁］?

我需要/想要/期望……［用户想要做什么］?

那么,……［为什么用户想要这么做呢］?

用户故事最重要的部分是目标。这可以帮助你确定你正在处理的是正确的事，决定何时完成这个故事，并满足用户的需要。如果你正在试图确定目标，那么你应该再三考虑为什么你需要这个特性。

如果你在敏捷环境中工作，那么可以将用户需求与产品待办事项列表结合起来使用。产品待办事项列表是一个完整的、不断维护的需求列表，详见表20.3。即使不是在敏捷环境中工作，这也是一件非常有用的事情。

表20.3　编制用户需求待办事项表

用户故事	优先顺序	人物角色	内容类型	功能要求	接受标准

需要完成的事项

用户故事并不是表达用户需求的唯一形式。根据你的产品/服务以及哪些对你有意义的事情，你可能会考虑“需要完成的事项”：

什么时候［情况发生的］?

我想［做些什么］?

这样我就［能够达到目标］。

编写未完成事项列表和用户需求适用的场景

这些方法用来追踪需要完成的工作，当前存在的障碍以及需要消除的障碍，是再好不过的了。这是开发生命周期中的一个重要部分。

编写未完成事项列表和用户需求不适用的场景

尽管此方法考虑了语境和用户组，但它无法让你深入了解用户以及他们的行为。想要实现这个目标，可以使用其他更适合的方法，例如：角色模型（第二十四章）和心智模型（第二十五章）。

• 基于量化数据编目问题

表20.4　方法小结

方法小结
此方法适用于如下渠道获得的数据： • 非干预性的面对面用户测试 • 非干预性的远程用户测试 这种方法适用于敏捷和精益的工作环境中。 **它可以在如下情况下使用：**确定可用性相关问题。

• 可用性指标

一般来说，可用性指标可以让你：

- **跟踪信息发布期间的进展情况。**如果你不知道你做得如何，你就很难得以提高。
- **评估你的竞争对手。**你与竞争对手相比占优势还是技不如人？他们的优势和劣势分别是什么？
- **在发布之前做好决策。**这个设计是否足够好，是否可以在无法预知的情况下公开发布？（尼尔森，2001）

可用性指标是一个包括系统和用户性能衡量的组合指标：

- 系统反应时间；

- 所犯的错误数量；
- 完成任务的时间；
- 任务完成率；
- 用户满意度评级。

这些可以用ISO可用性标准ISO/IEC 9126-4来进行概述：

- **测量有效性**：用户实现特定目标的准确性和完整性。
- **测量效率**：与用户实现目标的准确性和完整性相关的资源。
- **测量满意度**：使用的舒适性和可接受性（米夫萨德，2015）。

测量有效性

有效性＝(成功完成的任务总数÷完成的任务总量)×100。

我们都希望能实现百分之百的任务完成率，但2011年对1200个可用性任务的研究表明，平均任务完成率是78%(索罗，2011)。

测量效率

例如，测量时间效率会变得非常复杂（如果你对此感兴趣，可以参考米夫萨德，2015)。发生的错误可能是用户在尝试完成任务时的意外操作、失误、过失或者遗漏导致的。理想情况下，你应该设计一个简短的描述，一个严重性等级表，并对每个类别下的每个错误进行分类。（如果想衡量满意度，可参考第八章内容。）

效率＝(在任务中出现的错误数量÷任务所包括的步骤数)×100

测量满意度

参见第六章中对满意度指标调查的相关内容。

其他要考虑的指标

你还可以考虑许多其他的度量标准。在下文中我列举了几个例子，但这并不能涵盖所有内容。

测量有效性：

- 成功与失败比；
- 初次尝试后成功完成任务百分比；
- 持续犯错的数量。

测量效率：

- 完成一项任务所花费的时间；
- 学习花费的时间；
- 犯错花费的时间；
- 寻求帮助或查阅材料的频率；
- 重复或操作失败的数量；
- 第一次尝试所花费的时间；
- 达到专业表现的时间；
- 纠正错误花费的时间。

实际上，选择正确的度量标准取决于你所交付的产品/服务，以及对成功是如何定义的。例如：如果你正在为信用卡开设一个在线应用程序，那么在此任务上花费的时间与建立一个收集新闻内容的网站是大不相同的。你所使用的关键性能指标（KPI）一定要与你的产品/服务相关，否则所做的数据和分析将对你的业务目标的实现毫无意义，甚至会不利于目标的实现。关键性能指标应该与你的业务目标相关联，且关键性能指标是基于你的产品/服务的相对性能而制定的，并基于合理的改进速度来设定各指标。

21 第二十一章

提出建议：如何提高研究结果的可操作性

在研究如何展示你的数据和结论之前，我们应该首先考虑你将要提出的建议。让你的“报告”尽可能地实用，在报告中需要提出解决问题和修复问题的方法，或者如何将可能性的机会最大化，以及如何推动项目进展等。

你自己提出所有的解决方案和建议是不可能的。为了让这些建议尽可能地得以实施，并从那些对接下来发生的事情有决策权或者干实事的人那里获得支持，在你正式将你的建议与这些人分享之前，最好事先征求一下这些人的意见。你与谁探讨此问题取决于你最初认为的解决方案/建议是什么。如果你不知道从何处开始下手，你可以举办一个研讨会来分享你的建议，并对最初的解决方案/建议/后续步骤开展头脑风暴。

• 你可以推荐的内容

- 你可能需要在一个特殊的领域做更多的研究。如果你把花费在研究上的时间和金钱规划得刚刚好，再额外开展研究就非常困难了。要弄清楚为什么需要更多的研究，并对预期的方法和假设进行总结。
- 对内部程序的修改。
- 对数码产品的前端和后端服务进行修改。
- 品牌调整。
- 重新调整产品/服务方案。
- 对沟通和内容的修改。

这不是要你把研究中所有出现的事情都罗列出来。你所提的建议中，有些可能非常快地得以实施，有些可能需要较大付出才能做出根本性变化。辨识出你所给出的建议的类型是非常有用的，可以参见表21.1。

表21.1 将你的建议进行分类

长期	费用高	难以解决
中期	中等预算	解决难度适中
短期	费用低	轻松解决

用户研究报告和建议可能会让人难以承受，有时人们会被进行改变所付出的努力缚住手脚。给你的推荐类型贴上标签，向大家提供一些实用的建议。这样一来，可以快速、轻松地识别出现在能够完成的事情、需要做的打算，以及开展大量工作所需的额外预算。

22
第二十二章

创建行动纲领及详细报告以展示结果

表22.1　方法小结

方法小结
方法适用性：任何用户研究。 执行摘要适合于敏捷和精益的工作环境；然而，在这样的工作环境中，是难以做到详细地润色报告的。
如果你想实现如下目标：报告和摘要是最“通用”的展示形式，可以应用到你所做的所有类型的研究中，用以解释目标、开展研究、得出结论，并且推测接下来会发生的事情。

你所呈交的报告的长度及详细程度，取决于你的目标、项目现在所处的阶段、时间以及目标受众。例如，若你是在敏捷冲刺阶段开展可用性测试，你可能想要对这些问题做一个简短的总结建议和视频回放（详见第二十三章）。如果你的受众中包括首席执行官、董事会成员、业务分析师和开发人员，你可能会想要为首席执行官和董事撰写一份执行概要，并为业务分析师和开发人员提供一份详细的报告。这样一

来，他们就可以清楚地知道，想要完成这个项目需要做些什么工作。

• 报告架构

当我在行为研究顾问公司Bunnyfoot担任顾问时，设置的报告架构总是能让报告尽可能地实用和有用。这就意味着以图表的形式呈现报告，通常是通过PowerPoint的方式而非Word的形式呈现。

如果你要撰写一份研究报告，你可能想要包括：

1. 标题页；
2. 内容列表；
3. 执行概要；
4. 研究目标和方法；
5. 测试材料；
6. 参与者摘要（如果合适的话）；
7. 如何阅读这份报告（即如何理解这些问题和建议）；
8. 将结果按逻辑关系进行分组；
9. 研究的局限性；
10. 总结：结论和下一步打算。

执行概要

执行概要应该是放在最后撰写的，应该作为一个独立的文档，与某些目标受众单独分享。一个好的执行概要将涵盖（最好是在一个页面中）一个简短的情境分析，并且还应包括：

- 研究目的。

- 研究和分析方法。
- 总结的中心思想：发现和建议。
- 将各部分内容汇总起来：弊端以及积极的总结句。

参与者细节

当分享参与者的详细信息时，不管你与多少人分享这些数据，一定要确保进行匿名处理。不要在报告中包含姓名和联系方式，甚至不能分享有关他们的视频，这些都会涉及泄密。只需分享少量信息以证明与你的组织和研究相关即可。表22.2中显示了一些匿名的参与者详细信息，你可以在你的报告中包括类似这样的细节。

表22.2　匿名处理过的参与者信息

参与者	角色扮演及受众类型	相关的人口统计信息	数字技能	其他相关的特征和行为
P1	项目经理	女 31岁 已婚	擅长	在与其他人分享关于服务信息前，从事在线研究工作

如何阅读报告

为方便那些从事用户研究的新手，你可以附上一份简短的阅读指导报告，帮助他们理解你所分享的信息。例如，你正在编写一份关于定性用户测试的报告，你可能想让读者了解报告是如何被分解成问题和建议两个部分的（如图22.1所示）。

在你的报告中，提供书面描述，并且在适当的地方添加图形和可视化的模型与建议是非常有用的（这将在第二十五章中进行深入探

描述性题目：事项与建议

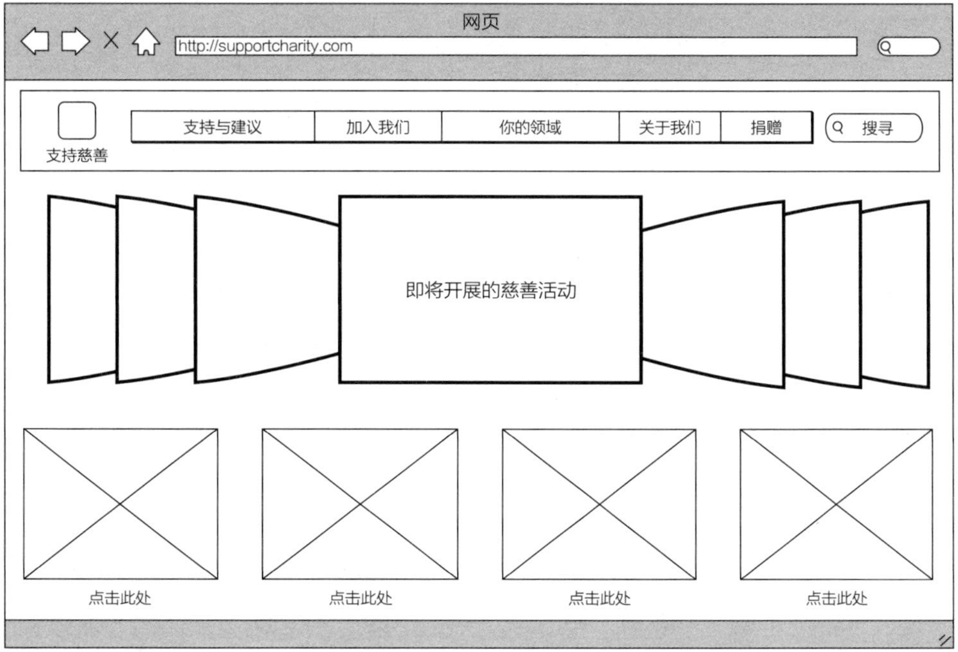

优点：值得突出强调的最佳实践，形成出色的可用性或用户体验特性。

问题：尽可能第一句话就说明重点。

如有必要，可以在下文对细节进行详细描述。

你可能想在文本中插入屏幕截屏或者视频片段。

建议：描述你对改进用户体验的建议。

只包括那些已经被验证及讨论过的合适的建议。

如可以，你可以插入一个建议的图表。

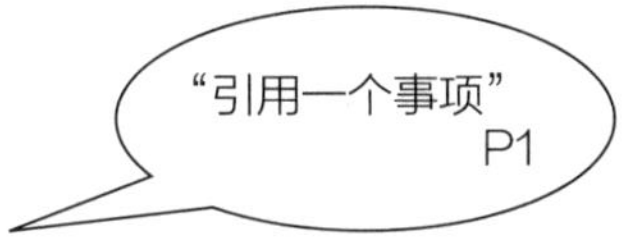

图22.1　如何安排报告的示例

讨）。人们处理信息的方式不同，所以使用文本和视觉效果将有助于大多数人理解你的报告内容。此外，将文本和图形放在一起比没完没了的大篇幅文本更易被接受。

将你的发现和建议进行排序

如果你要传达的信息很多，那就需要考虑一下如何以最好的方式来组织和呈现你的发现和建议。如果你的研究只关注一个服务/产品，但内在的顺序至关重要，那么你可能希望以此顺序来呈现你的报告。或者，你可以按照条目重要性递减的顺序，任意排序，以达到最好的表现效果（参见图22.2）。

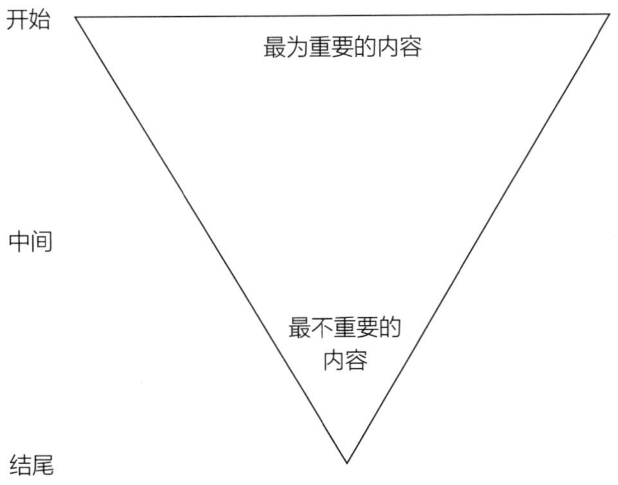

图22.2　如何构建报告内容的示例

你的读者有可能在阅读过程中就中途放弃了，所以你需要把最为重要的内容放在报告的最开始，这是一种非常有效的方式。

构建报告的方式是多种多样的，我在这里无法做到面面俱到。我能给出的最好的建议是，认真思考你想要讲述的故事，以及如何安排你所讲述的内容。

23
第二十三章

使用视频回放呈现研究成果

表23.1　方法小结

方法小结
本方法适用于：任何已被录像的用户研究。 此方法适用于敏捷和精益的工作方式。
如果你想要达到如下效果可使用此方法：一种有效的方法，可以快速地说明你的产品/服务/体验的用户体验。

视频是一种非常有效的方式，可以用以交流你的发现，观察参与者，以及展示你做出推荐的场景，尤其对于那些没能参与研究观察的人来说，此方式更为有效。视频可以作为你撰写的报告的一部分，放在鼓舞人心的陈述之后作为回顾之用，或者是可以用在研讨会中或作为你演示的部分内容。理想的情况是，所有的利益相关者都会观看相关的视频，但这只是一厢情愿的想法，尤其当你的视频长达数小时时，更不可能。

如果你想对观看视频这事儿采用强硬态度，我希望你能做到，但是这需要得到项目负责人的支持（如果项目负责人不是你的话）。这样就可以要求拥有决策权，但又没有参与过研究观察过程的人在他们发言之前，观看一定数量的视频。这可能是两到三个关于研究的有代表性的视频，或者任何你觉得合适的视频。

• 如何编辑用户研究视频

如果你选择沿着视频的路线走下去，我倒是可以给出一些有用的建议。在你开始之前，要意识到制作视频是非常耗时的。你可以做一些事情来促进此进程。

- 首先确定你需要的视频——某个特定的问题、互动、态度等。
- 通读你的笔记，找出每位参与者的主要观察点和重点引用，然后在视频中找到这些，而不需要浏览所有的视频。
- 如果你认为你观察到或听到了一些你可能想要在你的视频报告中提到的信息，试着在研究过程中记下笔记。

你的视频中所包括的内容

- 尽可能缩短视频时长。
- 试着包含足够的场景，这有助于理解参与者所做的事情以及讨论的内容等。这可能需要对视频进行编辑或者为每个视频添加一个描述主题的视频标题或添加简要说明来描述正在发生的事情。
- 如果可能的话，加入多个关于事件、互动、态度等的示例。通过展示某件事情发生的频率来显示它的重要性，是非常有效的。

- 可能包括许多参与者的剪辑，可以添加一个标签来说明谁说了什么（例如说明参与者的编码）。
- 只为你认为最重要的点创建和呈现视频。

24
第二十四章

使用角色模型传达用户特征和行为

表24.1 方法小结

方法小结
本方法适用于：定性用户研究，你已经收集了关于人口统计学、态度、行为、任务和其他特征的数据。 这种方法适用于敏捷和精益的工作环境中。
如果你想达到如下效果，你可以使用角色方法：把你的用户组带入到现实生活中，让你的组织在个人的层面上与他们互动，为他们打造更好的产品和服务。

• 角色是什么

人物角色是一种虚构的形象（基于真实数据构建的），它代表着一组具有共同兴趣、目标、特征等的用户，每个角色都从你的受众的特征中选定了一个特定的例子：他们在做什么，他们的行为，他们的态度和偏好。角色是你的团队打交道的对象，角色有助于确保产品/服务不是为你的组织设计的，而是为预期的用户设计的（你的组织就是预期用户的情况除外，hello内部网）。在你的研究过程中，你会获得很多关于用户的信息，即使这并不是研究的主要焦点，但这却是不可或缺的部分——这就是用户研究（斯蒂克德和施奈德，2014）。

正如在第三章（关于谁应该参与你的研究）中已经讨论过的那样，有用的角色比人口统计的效果要好，且代表了人们的动机、欲望、需求、任务等。角色中没有要求必须包括固定的信息。就像这本书里其他部分的内容一样，角色中所包含的信息，取决于你的产品/服务以及你的研究目的和结果。

重要提示

角色创建并不是一件一劳永逸的事情。角色应该是迭代构建的，应该是随着时间的推移不断变化着的。每次完成用户研究后，你的角色应该被重新访问和重新验证。他们所包含的信息仍然是真实的吗？客户的行为、态度或任务是否发生了变化？是否还有之前没有考虑过的新客户？主要的和次要的角色（取决于你的重点对象是谁）也可以随着时间的推移而改变。随着人类、社会、科技等的改变，你的工作内容也需要随之发生改变。

• 你的角色需要包括哪些内容

表24.2向你展示了可从中选择的组件，这些组件可以构成最为有用的角色。

如果你要在角色中包含一张图片，如下将和你分享一些好的实践

表24.2 在角色中应包括的数据

角色组件	
组件	必选项或可选项
故事及叙事背景	
姓名	必选项
照片	可选项
角色引用	可选项
角色	必选项
人口结构	必选项但尽量最小化
背景历史	必选项但尽量最小化
日常生活中的一天	可选项
态度和信仰	可选项
形象	可选项
目前生活状况	可选项
项目相关属性	
场景（详见第二十七章）	可选项
对产品/服务的态度和信念	必选项
产品/服务使用现状	必选项
情感	可选项
信息来源/目前做事的方式	推荐但属于可选项
责任	可选项
挫折/限制	必选项
焦虑/担心	可选项
先前知识	可选项
产品/服务体验	必选项
行为及情境	
任务或目标	必选项
出发点（是什么让他们开展工作）	推荐但属于可选项
动机（感性的、理性的）	必选项
需求	必选项
欲望	可选项

方式以及避免事项。

较好的实践

- 你可以考虑请专人画出你的理想客户肖像或者各种面部表情。
- 确保你的用户代表多样化但要保证真实性。
- 你可能要考虑性别问题。你是否需要使用人口特征来代表用户？

较差的实践

- 没有使用参与者的真实照片。
- 没有使用团队成员的照片。
- 你想避开图片库进行选择。

反角色

反角色是指一群你没打算设计或撰写的人。它们的创建方式与角色相同。如果你的时间和预算都很紧张，那就专注于创造你的角色，你可以在日后再对反角色进行构建。

• 如何呈现你的角色

如果你在网上搜索人物角色的例子，你通常会看到一些光鲜亮丽的，像海报一样的作品，这些可能都是由平面设计师制作的。你没有必要使用这么高级别的演示，但是值得花些时间让你的角色更有吸引力，更容易让大家接受。

角色可以是信息丰富的（或者是信息密集的）。在短短几页内就包含了大量的信息，所以重要的是人物角色在某种程度上具有视觉吸引力，以一种连贯的方式将所表达的信息分解开来。在这里向大家提供一种常用的版本，你可以遵循此版本，并根据需要进行调整。这不仅帮助你创建你的角色，还可以帮助那些你分享信息的对象理解人物角色。参见图24.1和图24.2。如果你想知道一个完整的角色是什么样子的，图24.3向大家展示了一个最基本的示例。

如果你要表达的信息非常多，你可能无法把所有的东西都包含在一个页面上。如果是这样的话，我会试着进行压缩，将每个角色的描述限制在两到三页，以便于读者消化和记忆。

使用“维度”是一种有用的、简单的方法，可以用来总结每个角色的某些特征并且可以在不同的角色之间进行比较。维度是一种确定角色在特定连续体上所在位置的一种方法。例如，这群用户的时间是否充裕？他们从事某事或使用某件东西的熟练程度？如果你有更复杂的特征或元素，你想要进行比较和总结，可以采用一些有用的图形方法来帮助你完成这件事。我建议大家借用视觉设计来对人物角色进行总结，而不要使用大篇文字来描述。

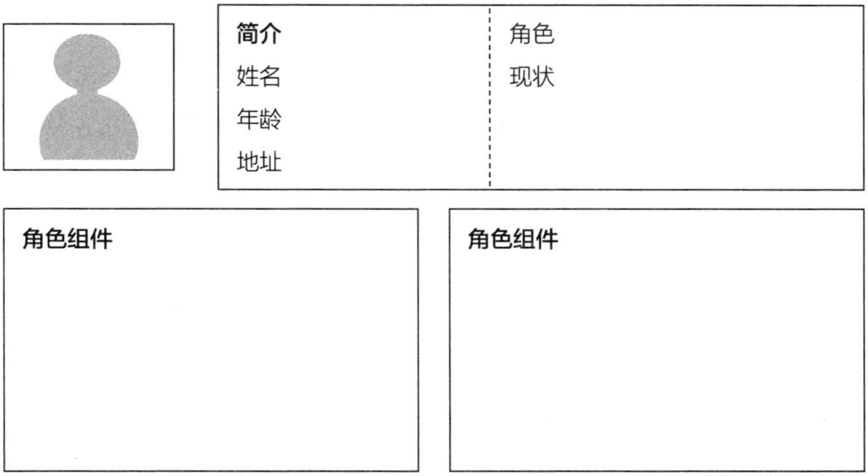

图24.1　如何进行角色展示的简单示例

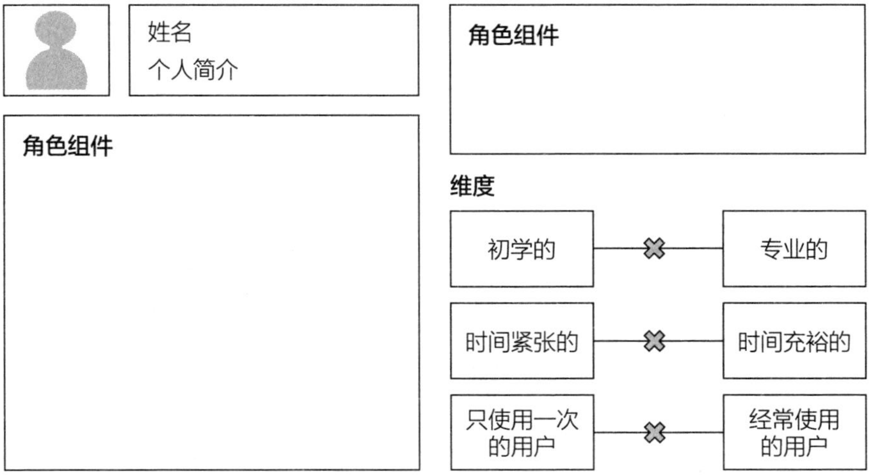

图24.2　如何进行信息量较大的角色展示

简介

姓名：贾丝明

年龄：43

地址：伦敦

角色：小型企业业主

情景：拥有营销&公共关系公司。

在营销方面非常有经验。现在仍在学习和应用在线&社会媒体。

已婚。无子。具有硕士学位。

高层次用户需求

减少在线时间&资源最大化。

发现有趣的内容并进行分享。

按时发帖，在相关的版面重复发帖。

评估工作的影响。

与其他专业的在线机构进行合作。

现有解决方案及困惑

使用多媒体工具：互随社交，本地化分析等。

不得不学习如何使用多媒体工具。

许多事情现在还是通过手动形式完成。

聘请其他公司对影响力进行测度，难以把握准确性。

使用领英网（LinkedIn）拓展人脉。

图24.3　基本角色的示例

25
第二十五章

使用心智模型实现用户思考及辨识机会过程的可视化

表25.1　方法小结

方法小结
本方法适用于：心智模型可以在各种各样的数据基础上创建起来。例如，可用性测试观察，访谈数据，日记研究，情景调查。 这种方法适用于敏捷和精益的工作环境中。
如果你想达到以下目标可以采用心智模型：可视化并了解你的用户组如何看待你的产品/服务，以及如何识别差距和机会。

心智模型是一个人基于他们过去的经历、所接触到的信息、日常经验及判断，对事物运作方式的直觉理解。心理模型是基于信念，而不是事实而建立的。此处，我们考虑的是用户对你的产品/服务的工作方式的看法：他们的思维模式将影响他们决定的使用方式，他们在使用时的行为方式以及他们所做出决定的方式。

用户体验的心智模型是人们思考和感受的一种视觉表现，它可以成为人们使用产品/服务方式的一种有用的表现方式。将用户在体验的不同阶段所提出的问题都罗列出来，对内容、功能的所有想法都被映射到这些问题中。如果你在做的是一个数字项目，心智模型用于帮助你了解信息架构、线框生成和内容供应等信息。事实上，用户界面是永远不能与每个用户的心智模型相吻合的。但是，你可以创建与用户心智模型最接近的最大程度匹配的用户界面。针对某个特定的体验，为每个角色建立一个心理模型通常是可行的，但是请记住一点：心理模型不是静态的。人们的思维模式也可以随着日常体验的改变而发生变化。

要理解为什么心理模型在设计方面如此重要，你需要了解概念模型。概念模型是用户体验的产品/服务的实际模型（即通过接口）——现实而不是信念。如果概念模型和用户的心智模型不匹配，用户将很难学习和使用这些条目，所以你的概念模型需要考虑到用户的心智模型。然而，我们很少谈论单一的心智模式。你有多个具有不同心智模型的用户组，你的概念模型需要使你的产品/服务易于为所有的主要用户组使用。这听起来像是一个令人畏缩的画面，也许是永远都无法实现?

这就是用以说明为什么用户研究如此重要的一个非常好的例子。数据分析结果将向你展示用户组的思维模式的一致部分以及不同之处。你可以通过用户研究来设计、改进和验证概念，以满足不同的心智模型的需求。最终对大多数用户的情况有更好的理解，尽管这永远不会是完美的。将心智模型与人物角色结合起来也非常有用，可以深入了解用户是谁，以及他们是如何进行思考的。

案例研究　网页浏览器网址栏和搜索栏

雅各布·尼尔森概述了当用户无法识别系统中相似（但不完全相同）部分之间的关键差异时存在的潜在障碍（交互设计基金会，2017；

尼尔森，2010）。

许多用户似乎无法区分谷歌的搜索域和浏览器中的网址输入域。他们使用谷歌搜索，输入一个知名网站的名称，以便点击链接，而不是简单地在网址栏中输入名字加“.com”进行搜索。这是谷歌Chrome浏览器通过将网址栏作为搜索工具，试图解决的一个问题。

用户知道他们把搜索的内容键入到搜索框中，就会到达他们想要去的地方，但是不确定搜索框的功能。这就解释了为什么浏览器在很多情况下把网址栏当作一个搜索栏来处理的原因。那么就不得不改变浏览器的功能来满足用户的心理模型，因为心智模型本身太过复杂，无法适应用户遇到的设计模式。

Smashing Magazine杂志漫画

Smashing Magazine有一个非常棒的“心智模型”漫画，它解释了什么是心智模型，以及为什么它们是有用的，并用健康追踪应用APP的实例来加以证实，绝对值得一读。（参见杨格，柯尔宝，2012）

重要提示

如果你在创新，突破极限，为人们提供他们以前从未见过或考虑过的事物，那么你应该改变他们的思维模式。当然要克服一些惯性，因为要花费时间和精力来改变一个心智模型。在开发新事物时，应考虑到这一点：你应该清楚在测试期间和初次发布之后，用户会有不同的理解。如果产品/服务为用户提供的是有价值的体验，他们将努力学习新的方法。如果他们认为这没有什么价值，他们就会离开，寻找其他的事物。

• 如何创造你自己的心智模型

在一个心智模型可视化图（参见图25.1）中，人们的行为（思想/感觉）被表示为水平线上的一列（见框1）。你的产品/服务的功能/特性/内容在水平线以下，列在框2和框3中，以支持用户框。没有支持列的地方，说明你需要提供的产品/服务存在不足，需要进一步改善用以满足用户需求。

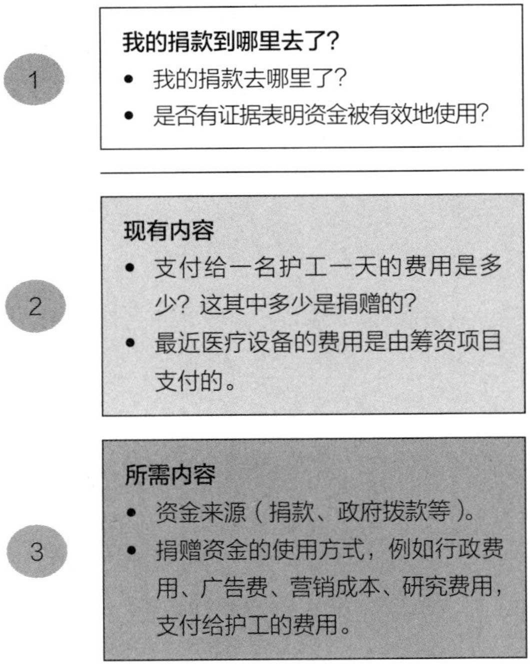

图25.1　一个心智模型图的例子

借用我在第三章中创建的“支持慈善”的场景，图25.2是关于通过对用户的访谈，了解他们对慈善机构进行捐赠的感觉。图25.2将图25.1

中的栏目置于更大的捐赠心智模型背景中。这些框是按照可能的思维过程顺序排列的：

- 框1：在用户还未对某个慈善机构产生强烈的感情时，他们在决定向哪些慈善机构捐赠时所面临的问题。
- 框2：支持慈善网站上的回答用户问题的现有内容。
- 框3：支持用户捐赠过程的心智模型所需的内容。

你可以使用本书中所讨论的方法来确定用户的行为和问题来补充顶栏（框1）的内容。确定现有的内容需要一定的审核工作，这些审核是基于框2中的内容、功能和其他相关内容开展的。比较框1和框2，确定遗漏的内容，完成框3。

我想捐款	我应该捐给谁？	我应该如何捐款？	捐款
我对帮助人们摆脱疾病困扰的慈善感兴趣。 • 都有哪些慈善机构？ • 我想捐款，但因为没有时间所以不能参加活动。	• 我的捐款去哪里了？ • 是否有证据表明资金被有效地使用？	**捐款的最佳方式是什么？** • 在线捐款安全吗？ • 如果我在线捐款，是否可以捐物？ • 我是否可以用PayPal进行捐赠？	**我现在就想捐款** • 我需要分享什么信息？ • 如果捐物，需要捐多少？ • 我不想订阅新闻简报。
现有的内容及功能	**现有的内容及功能** • 支付给一名护工一天的费用是多少？这其中多少是捐赠的？ • 最近医疗设备的费用是由筹资项目支付的。	**现有的内容及功能**	**现有的内容及功能**
需要的内容	**需要的内容** • 资金来源（捐款、政府拨款等）。 • 捐赠资金的使用方式，例如行政费用、广告费、营销成本、研究费用，支付给护工的费用。	**需要的内容**	**需要的内容**

图25.2　支持慈善网站的心智模型简要示例

26
第二十六章

使用体验图使用户研究数据可视化

表26.1　方法小结

方法小结
本方法适用于： 体验图的数据可以通过多个数据来源收集。如果关注的是数字产品/服务，你可以从分析开始，主要看用户的体验情况。你可以利用你拥有的其他资源，比如用户满意和反馈数据、社交媒体数据，与通过情景调查、人类学、可用性测试、访谈、日记研究和研讨会获得的数据结合起来使用。 这些方法适用于敏捷和精益的工作方式。
如果你想达到如下目标，你可以采用此种方法： 提供服务/组织的用户体验可视化图。

术语“旅程图”和“体验图”经常被交替使用，从现在开始，我们将统一使用“体验图”。这些图实现了用户与产品/服务交互的接触点可视化，通常用于构建旅程图中。这些体验图还可以代表每次互动过程中用户的情绪、期望、动机和问题等。体验图通常描述一段特定的时间，例如从初次接触到达成长期关系的这一段时间。

为每个用户/用户组提供一个单独的体验图是非常有用的。这些体验图提供了用户体验影响因素的高层次概述。这些体验图是基于用户视角的，且基于时间的，尽管有时候时间不是线性的。重要的是，接触点可以跨越多个渠道开展，既可以通过数字化的渠道，也可以通过非数字化的渠道。

由于这些体验图综合了用户/服务交互的环境、动机和体验，它们可以用来识别问题领域和创新的机会，也可以识别各个渠道、部门、旅行和设备中哪项服务开展得更好。当体验是在几周或几个月的时间内发生时，体验图就显得尤为重要。体验图包括：

- 许多单独的步骤或事件；
- 不止一个地点；
- 不同的人或团队；
- 若干相关服务或接触点（政府数字服务，2017年）。

精通用户体验（UX Mastery，2014）和自适应路径（Adaptive Path，2011）表明，正如体验图涵盖了行为、思考和感觉，顾客旅程图上必须包括的组件是：

- **角色**：描述用户需求、目标、想法、感觉、观点、期望和痛点的主要角色。
- **时间轴**：一段时间（例如，一周或一年）或可变阶段（例如，意识、决策、购买、更新）。
- **情感**：表达沮丧、焦虑、幸福等的高峰和低谷。
- **接触点**：用户行为与组织的交互，也就是用户正在做什么事情。
- **渠道**：用户之间的互动、交互发生的地方和使用的环境（例如，网站、本地应用、呼叫中心、实体店等）。

• 如何创建体验图

你收集了数据之后，下一步就是考虑你的体验图的布局。在这一点上，并没有严格的规则，但是主要有两种可视化类型（丘拉加，2013）：时间轴，接触点位于路径上，按照由左到右或者自上而下的方式排列，是最常见的体验图；或者转盘，在交互阶段比接触点更相关的地方使用，主要用于反映整体体验。

你的体验图的成功和清晰度在很大程度上取决于布局和图形元素的正确选择。你可以在丘拉加（2013）中找到更多关于这方面的信息，在那里你还可以找到两个经典的例子，包括车轮可视化（乐高体验地图）和时间轴可视化（星巴克服务体验）。这里我们将重点讨论时间轴可视化，即使在时间轴可视化格式中，也有多种设计方式。自适应路径（Adaptive Path）是体验图的权威，“追踪欧洲可视化”是Adaptive Path的网站上公布的一个非常典型的例子（里司登，2011）。

我在图26.1中列出了体验的主要因素。这是一个“空白”的体验图，向你展示在可视图中的主要因素通常包括什么。图26.2是可以在体验图中使用的图标的放大版。

你可能不希望把所有的这些因素都包括在体验图中，使用多少因素取决于你的产品/服务以及进行可视化的对象。你的体验图没有必要完全像图26.1，你可以从网上找到很多例子作为参考，这些体验图的区别可以参考丘拉加（2013）。

体验图的不同版本

如果你担心这些地图看起来非常复杂，难以创建，你可以将它们

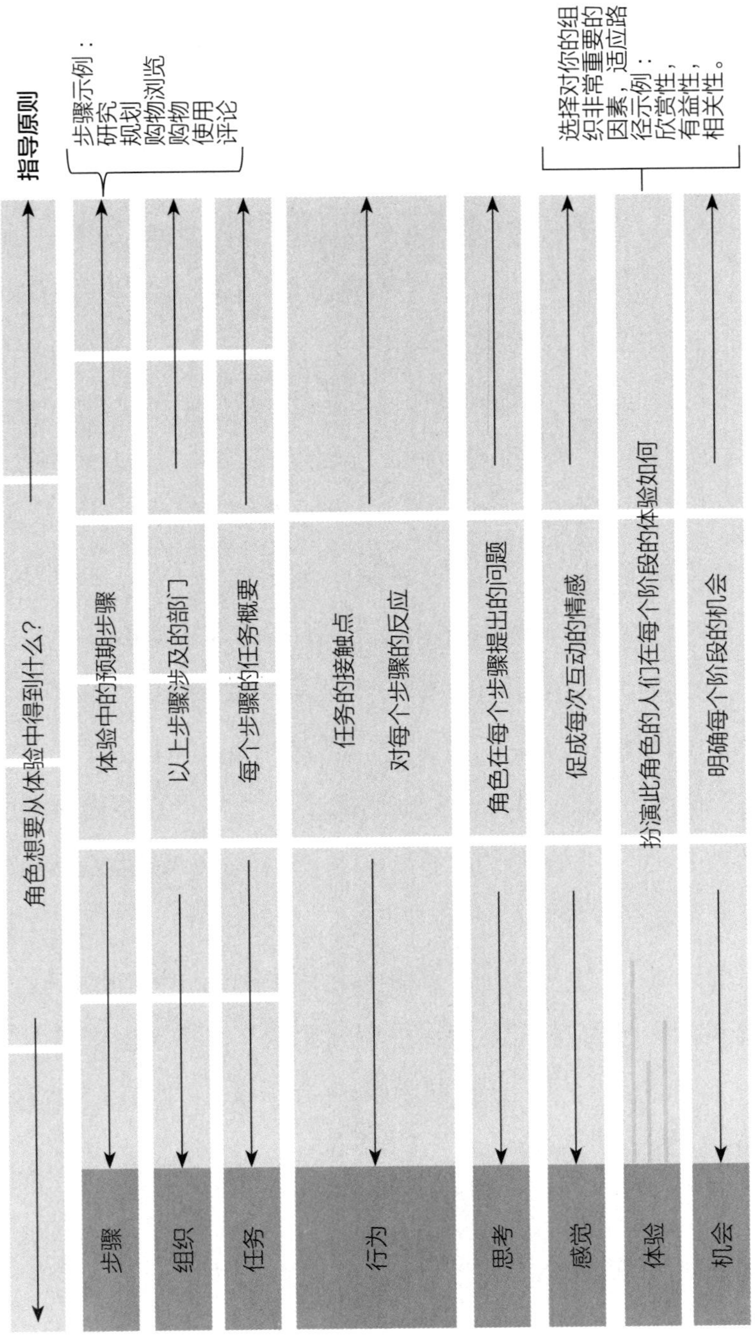

图26.1　体验图中包括的内容

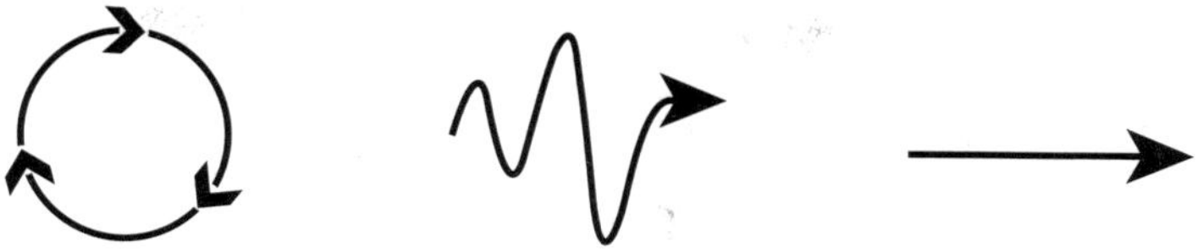

图26.2　行为图标特写

日期及可能的时间轴	互动日期	互动日期	互动日期
接触点	电子邮件	电话	书面通知
描述	互动、体验意图和情感描述	互动、体验意图和情感描述	互动、体验意图和情感描述
情感	:-)	:-(	:-|
结果	互动的结果，接下来的步骤及方案	互动的结果，接下来的步骤及方案	互动的结果，接下来的步骤及方案

图26.3　体验图简要示例

简化，以满足你的需求或当前的体验水平，具体可参考图26.3。你也可以为竞争对手创建体验图，将主要的反击事件进行可视化。

另一个版本是用户生命周期图，代表了一段时间内的多次体验，对从最初接触到用户离开或者不再使用服务期间的关键时间段进行了可视化。这些类型的体验图是一种整体概述：更关注的是随着时间推移的变化，而不仅仅是截图（互动设计基金会，2017）。

体验图不是服务蓝图，但可以作为勾画服务蓝图的基础。服务蓝图是一个可视化的示意图，包含用户、提供者和其他相关方、用户的接触点和幕后过程。这些工作需要协作完成（与利益相关者研讨会相似，详见第十五章），并使用情景调查（详见第十三章）。

蓝图上代表的每一个团队都需要参与到它的创建过程中。服务蓝图可以揭示重叠、重复和缺失的部分，并且可以用来协调人力和资源（史迪克道恩，施奈德，2014）。

27
第二十七章

使用场景和故事板来展示用户体验

表27.1　方法小结

方法小结
本方法适用于：任何用户研究。
如果你想实现如下目标，可使用此方法：场景是基于足够的细节创建的虚拟故事，目的是有意义地探索服务、体验（或产品使用）的某个方面。场景描述了一个特定的用户为什么使用你的产品/服务的故事和背景，这些场景可以用纯文本、视频或故事板等方式来展示。
故事板是一系列的绘图/图片，将涉及服务的一系列事件（一个旅程或一个场景）的过程进行可视化。故事板可以用于现有的体验，也可以用于新的产品/服务/体验的假设体验。用户体验的故事可以用于设计过程中。它们可以用来表示当前正在发生的事情和应该发生的事情（问题和建议）。
这些方法适用于敏捷和精益的工作环境中。

场景和故事板通常与角色相结合，将用户置于设计和开发过程的核心位置（史迪克道恩，施奈德，2014；Usability.gov，2017）。

• 如何创建场景

好的场景是简洁的，包含以下要素：

- **用户是谁？**在使用你的产品/服务时，每个角色都有不同的动机和行为。
- **为什么角色使用你的产品/服务？**是什么促使用户使用你的产品/服务，他们的期望是什么？
- **他们有什么目标？**用户想要达到什么目的？你的产品/服务需提供给用户什么以达到满意的用户体验？

你可能想把用户如何实现他们的目标包括在内。明确各种可能性及潜在的障碍。更具体地说，每个角色都需要考虑如下因素：

1. **目标**。用户需要达到什么目标？用户的行为如何契合组织的目标？

2. **过程**。用户将遵循什么步骤？信息如何从一个步骤传到下一个步骤？涉及的不同角色（如创建者、贡献者、编辑或审批者）是什么？

3. **输入和输出**。用户需要什么材料和信息才能成功完成某项任务（例如界面）？他们需要从界面中获得什么来完成他们的首要目标？

4. **体验**。用户在过去曾经做过类似的事情吗？在过去没有这种设计的情况下，该组织是如何生存的？

5. **约束条件**。用户可能会遇到什么样的物质、时间或财务方面的困难？

6. **物理环境**。用户需要多大空间才能完成他们需要做的事情？他们的桌面上需要什么材料？他们对必要的信息（例如用户手册）是否有访问权限？他们的显示器需要什么备注信息？

7. **使用的工具**。用户目前使用的是什么工具？

8. 关系。主要用户与受该工具影响的其他人之间的关系是什么？（美国卫生和公众服务部，2017；韦氏，2010）

• 如何创建故事板

故事板是一种非常好的方式，可以为我们新的角色提供一个潜在的体验，目的是进一步了解他们的背景、需求、动机和行为。你可以让一些小组使用6到10个文本框（如果需要的话，或者更多），画出未来场景（故事）的简图。空白图详见图27.1。在填写故事板的时候，给每一个场景都标上标题，以帮助解释正在发生的事情，并通过言语/思考文本框和表情图来表达感情和传达对话。（本节是根据拉戈姆战略改编，2106。）

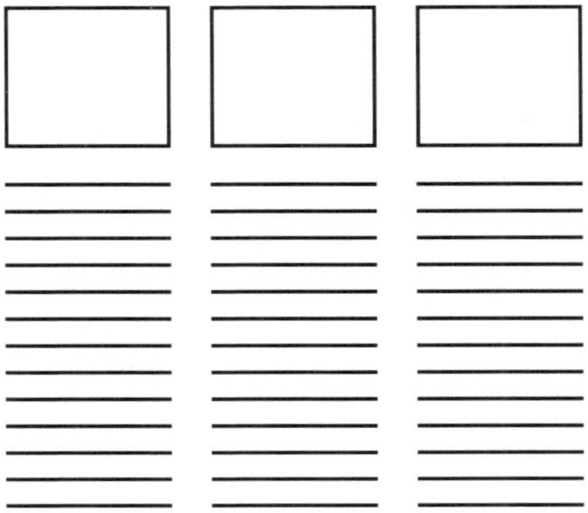

图27.1　空白故事板示例

有用的要素

每个场景都应该只关注一个角色："这是某某关于使用××的故

事。”你可能想在故事板中给各小组提出具体的问题，具体如下：

- 是什么激发和促使他们来到××？他们想要解决什么问题？
- 关于如何满足他们的需求，他们已经知道了什么？
- 他们期望××如何帮助他们？
- 在他们的体验中，他们到××有多少次？
- 他们在××上做什么？他们看了什么内容？他们跟什么进行了互动？
- 在他们的体验中，他们访问哪些网站和资源（线上和线下）？
- 在他们的体验中，还有谁帮助或影响他们？
- 是什么鼓励和阻止他们使用产品或服务？
- 这个网站最终如何帮助他们满足需求？
- 他们的故事什么时候结束的？他们对成功的用户体验的定义是什么？

记住要考虑如下问题：

- 在每个阶段，是什么在激励他们？
- 他们在每个阶段的情感是什么？
- 他们的关键决策点是什么？
- 在他们的体验中，线下活动和在线活动的相互影响是什么？
- 他们的障碍和痛点是什么？他们是如何克服这些困难的？

28
第二十八章

使用信息图表来解读数字资料及统计数据

表28.1　方法小结

方法小结
本方法适用于：你可以使用信息图表来获取你收集到的各种各样的数据： • 定量调查 • 量化用户测试 • 信息架构验证 • A/B测试 • 卡片排序 • 量化用户测试 **如果你想达到如下目标，你可以使用信息图方式：**信息图可以用来实现体验、模式和趋势、层次结构和架构、概念和计划可视化。

• 如何制作有效的信息图表

一个有效的信息图表包含以下内容：

- 有明确的目标，且目标是吸引人的；
- 对它的目标受众是有意义的；
- 不歪曲或扭曲数据或事实；
- 是一个量身定做的形式（帕里，2015）。

第二十六章中讨论的体验图是信息图的一种方式。你需要的信息图类型取决于你的研究目标、目标受众以及你想分享的故事。

如果你不是一个分析师或平面设计师，就试着与他们合作。你可以举办一个研讨会，来征集最实用的可视化数据的方法。如果这对你来说不适用，你可以先做一些你认为可能有用的可视化草图。把草图分享给同事们，并询问他们从数据中得到的信息。这将帮助你了解可视化草图是否可以有效地表达你想要表达的东西。如果发现视觉效果不理想，可以再试一次。

接下来和大家分享一些有用的规则用以帮助你制作有效的图像：

- **展示但是不分享。**如果你需要用大段的文字来解释发生了什么，那么可以判断你的信息图效果较差。这并不是说不能使用任何文本，相反，你需要在信息图的文本和视觉图之间找到平衡点，达到合理分配。

- **坚持三颜色原则。**选择三种颜色。在这三种颜色中，一个作为背景色（通常是颜色最浅的），另外两个应该用来区分各部分内容。如果你需要添加其他颜色，可以通过变换三种主要颜色的深浅来实现。这将使视图的色调保持连贯和平静，不会太刺眼。

- **坚持两种字体和三种尺寸（标题、子标题和正文）原则**。排版过程中可以用来突出事实和数字。

- **在图形中突出你的主要观点**。每一个好的信息图都会有一个主要的亮点，能让他们迅速找到重点。时刻牢记你最想让人们记住的是什么？

- **保持简单和专注**。尽量不要让你的信息图过载：在一个信息图中只讲述一个连贯的故事。也许是为了讲述一个完整的故事，你需要多个信息图，或者使用一个配以各种分析和演示的信息图。

- **考虑视图中的数据流**。就像检查你的报告和故事一样，查看你的演示是否流畅。它传递信息的顺序是否正确？信息的排序在一定程度上决定了人们接受数据的顺序。

- **确保一致性**。始终坚持一个主题。

一些较差的实践：

- 没有较好地解释信息图上占主导地位的深色数据。

- 尽可能地避免使用白色作为背景。信息图通常在多个网站和博客上分享，很多网站都是用白色作为背景。如果你的信息图的背景也是白色的，那么很难分辨出是从何处开始又是从何处结束。

- 一些数据不应该被简化成信息图。把真正复杂的数据和过于简化的数据转化成信息图容易引起误解，且不利于实现研究目标。例如，如果想要解释清楚复杂的弦理论[1]，信息图就不是一个好的方式。

① 弦理论是理论物理的一个分支学科。——译者注

• 利用各种工具

通常你不需要自己创建可视化/信息图。在这本书的各个章节中，所提到的很多工具都有可视化的选项来帮助你创建信息图。例如，最优研讨会（Optimal Workshop）网站上就有一个可视化的选项，用于可视化树形测试结果（信息架构验证/Treejack）、卡片排序结果以及所提供的各种测试结果。

卡片排序数据可视化图一般被称为相似矩阵（图28.1）。矩阵将沿对角线把相关性较强的卡片组聚集在一起，颜色越深，卡片就越相关，帮助你识别明显的集群和分组，以及参与者认为不相关的选项。图28.2是另一个卡片排序数据可视化的示例，也称为树形图，用于实现内容组以及参与者标出的顶级标签的可视化。

信息架构验证（树形测试）也被称为饼树（详见图28.3），详细地描述了路径分析。图28.4向您展示了参与者为找到内容所做的选择以及他们的最终答案从何而来。

UserZoom还提供了树形测试和其他用户体验度量可视化图，以帮助更好地理解你的数据。许多工具，如调查猴子（Survey Monkey）和SurveyGizmo，可以为你的调查数据提供分析、可视化和互动/图形选择。一些A/B测试工具还将为你的数据提供可视化选项，比如谷歌的Data Studio，可视化网站优化器和Kissmetrics。

BananaCom的联系电话号码	79															
使用BananaCom查询邮箱地址	75	69														
BananaCom的免费电话号码	44	41	40													
BananaCom上的就业机会	40	48	39	25												
如何创立自己的BananaCom邮箱	38	42	30	21	57											
如果我的手机坏了或者被偷了，应该怎么办	30	28	26	11	57	58										
如何将我的家庭电话号码与我的新房子绑定	11	8	14	10	14	14	38									
家庭电话的附加服务	11	10	16	8	13	17	30	46								
我的家庭电话的国际长途收费标准	6	12	11	9	11	10	21	41	49							
家庭网络和手机绑定业务	11	12	13	4	11	16	12	19	41	48						
3G宽带价格	9	8	12	7	11	24	15	29	38	42	58					
手机费用价目表	10	12	15	12	20	26	24	29	34	35	40	57				
3G覆盖地图	12	15	17	11	18	22	20	20	24	25	53	34	40			
网络传输速度测试	8	16	12	10	26	25	20	20	20	25	27	11	24	46		
在线改变我的家庭网络业务	11	18	9	7	23	17	35	40	24	38	25	15	26	22	41	
业务升级在线申请表	16	20	19	14	19	14	21	38	23	30	25	23	31	25	26	46

图28.1　相似矩阵

资料来源：最优研讨会（Optimal Workshop, 2017）。

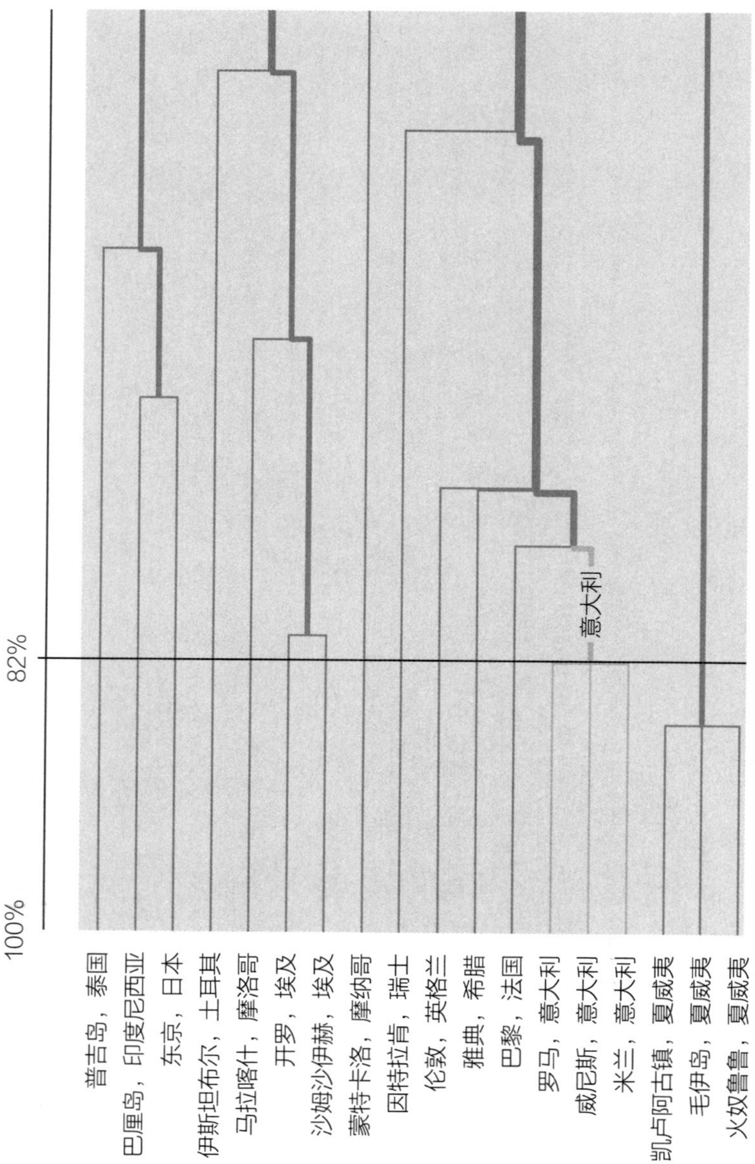

图28.2 树形可视化图

资料来源：最优研讨会（Optimal Workshop，2017）。

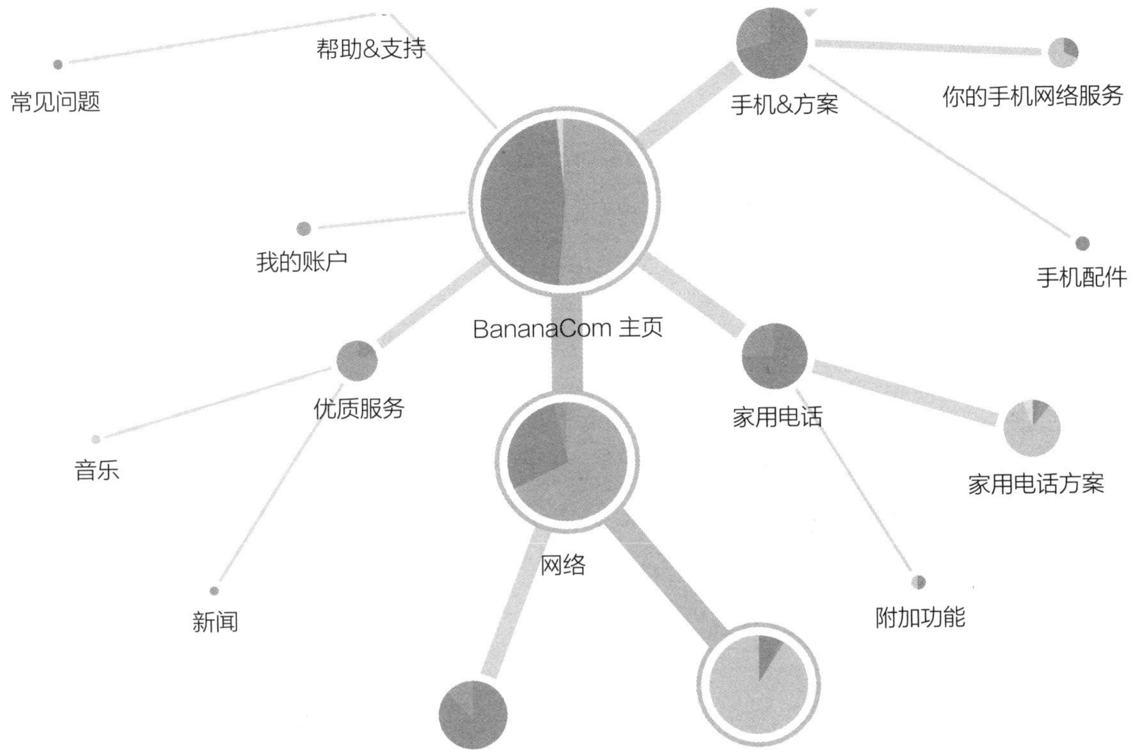

图28.3　饼状树形可视化图

资料来源：最优研讨会（Optimal Workshop, 2017）。

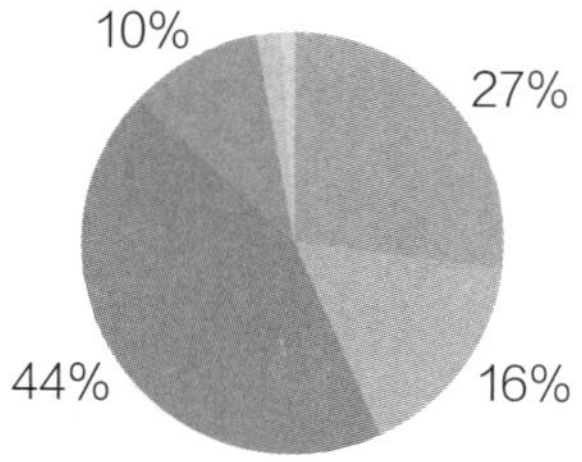

	成功	直接 间接	29 17	46	27% 16%	43%
	失败	直接 间接	47 11	58	44% 10%	54%
	忽略	直接 间接	2 1	3	2% 1%	3%

图28.4　其他信息架构验证（树形测试）可视化图，展示了每个任务的成功率

资料来源：最优研讨会（Optimal Workshop, 2017）。

29
第二十九章

为视觉设计、交互设计以及信息设计建言献策

表29.1　方法小结

方法小结
本方法适用于：信息架构验证、卡片分类、A/B测试、定量和定性的可用性测试。 这种方法适用于敏捷和精益工作环境中。
如果你想实现如下目标，可以使用此方法：直观地解释你提出的更改建议。

例如，你的重点是如何改进产品，那么你可能希望就如何更好地进行设计提出改进意见，并且将其作为报告或演示的一部分。如上文所述，你所提出的任何更改建议都须征得实施这些改变的人的同意。例如，你提出了一些技术建议，但是如果建议不可行，这种建议是毫无意义的。我们还考虑了其他有用的方法来将你的建议形象化，例如：

- 研究中描述数字的信息图；
- 地图和模型，可以实现体验差距的可视化；

- 用以合成和描述用户组的拟人化角色。

在这种情况下，如果你对交互、可视化设计或信息架构提出更改意见，你就可以很好地描述你所做的特定更改或方案的推荐意见。

• 设计工具

你可以使用软件和应用程序“勾画”出你的建议，例如，Balsamiq（我曾经使用过此工具完成本书的一些草图）。你可以使用它来勾画出想法，并创建简易的可点击的质量不高的原型（https://balsamiq.com）。Axure是一个功能更为强大的原型制作工具，使用这个工具，你可以创建低质量和高质量的交互式原型（https://www.axure.com）。此外，还有许多原型制作工具，它们的功能、成本和易用性各有不同。这两种工具我已经向大家推荐过两次了，因为我试用过这两种工具。但就如我在这本书中提到的所有工具一样，这些工具会随着时代的发展发生变化，并且可以非常容易地在网上搜索到。

PowerPoint、Keynote和谷歌幻灯片通常包含了用以创建简易草图的所有功能。如果你提出了对信息架构的更改建议，你还可以使用各种工具将这些更改建议可视化。你可以使用前文已经提到的工具，也可以考虑其他工具：

- Excel和其他电子表格程序：用单元格、列和行来清晰地代表你的新信息架构。

- 有专门的信息架构工具，如果你手头有过程映射工具，你也可以使用过程映射工具：https://dynomapper.com/blog/13-create-sitemaps/269-22-of-the-best-information-architecture-tools-for-creatingsitemaps（毕格比，2017）。

- 如果你已经使用最佳研讨会中的工具来对你现有的信息架构进行测试，你还可以用它们来实现新修改的信息架构可视化：https://www.optimalworkshop.com/。

当然，整个过程都需要笔和纸。当你在构思最初的概念时，这些工具特别有用。根据你需要分享对象的不同分享不同的信息，你可以把你的建议分别列在纸上。你最了解你的受众，所以你更清楚是否值得花些时间和精力让你的网站看起来“专业”。在用户研究中，流传着一个“声名狼藉”但正确的习语：一张图片胜过千言万语。

USER RESEARCH

结 论

我希望这本书对你来说既有用又实用，能够对你开展用户研究有所帮助，或者帮助你在用户研究服务中挖掘更好的客户。

你可能会发现你比其他人更了解某些研究和分析方法，这取决于你的组织的产品/服务需要什么。你可能已经了解了某些方法，所以你不再需要这本书了。那真是太好了！尽管不时地提醒自己重要的原则是什么并不是件坏事。一旦你开始在用户研究的某些方面积累了一定的经验，你就会明白你擅长的方法可能不一定是最合适的，尤其是当新情况出现的时候更是如此。我希望当这种情况发生时，你会重拾这本书，寻找一种不同但更为合适的用户研究方法，以帮助你更好地了解你的用户。

本书中没有提及的一些用户研究技术可能也与你的需求密切相关。这只是一本书，是无法做到面面俱到的。你可能还想了解任务分析、多变量测试、案头研究、专家评审、竞争对手基准测试和内容审计等内容。你可能想研究的是应用分割而不是角色分化。我想跟大家传授的主要思想，想必大家已经都掌握了。但是我还是要再次强调一遍，用户研究是一个迭代的过程。这是你需要反复做的事情，希望也是大家想反复做的事情。

请告知我你对这本书的反馈意见，这本书中哪些部分对你来说是有用的，哪些部分是无用的，这能够帮助我更好地学习。用户研究的学习是永无止境的。我对大家采用的不同的改进方式以及新的方式非常感兴趣，所以我很想知道你们的想法。你们可以在Twitter上找到我，@steph_marsh81即可。非常期待与你取得联系。